笑嘻嘻去旅行

子义 著

一本书漫游中国
一本书研学中国

中国·广州

图书在版编目（CIP）数据

笑嘻嘻去旅行 / 子义著. -- 广州：广东旅游出版社，2025.7. -- ISBN 978-7-5570-3417-7

Ⅰ．K928.9-49

中国国家版本馆CIP数据核字第2024TU5004号

出 版 人：刘志松
选题策划：廖晓威
责任编辑：廖晓威
插图绘画：子　义
装帧设计：谢晓丹
责任技编：冼志良
责任校对：李瑞苑

笑嘻嘻去旅行
XIAOXIXI QU LÜXING

广东旅游出版社出版发行
（广东省广州市荔湾区沙面北街71号首层、二层）
邮编：510130
电话：020-87347732（总编室）　020-87348887（销售热线）
投稿邮箱：2026542779@qq.com
印刷：佛山家联印刷有限公司
（佛山市南海区桂城街道三山新城科能路10号自编4号楼三层之一）
开本：787毫米×1092毫米　16开
字数：240千字
印张：18
版次：2025年7月第1版
印次：2025年7月第1次
定价：58.00元

[版权所有　侵权必究]
本书如有错页倒装等质量问题，请直接与印刷厂联系换书。

编者按 ●●●

笑嘻嘻去旅行是一种如沐春风的见识与成长

旅行本身就是一种见识与成长，而《笑嘻嘻去旅行》更是带来一种赏心悦目、真真切切和如沐春风的感觉。旅行不是要不计成本和时间的浪游，特别是对学生群体来说，更要注重时间、成本、目的地的合理性、安全性和自身身体的实际情况。

本册图书《笑嘻嘻去旅行》是以开心旅行团的方式来介绍我国31个省、自治区、直辖市和港澳台的一些热门和知名的景点，以自然景观为主，同时也包含了部分人文景观和历史遗迹等。我们华夏神州大地幅员辽阔，世界遗产到2025年已经有了60项，自然、人文和历史及城市的景观更是数不胜数，然而图书篇幅有限，难以将每个景点都逐一详尽地展现和介绍。

该册图书以从古至今的诗词为切入点，结合旅游与区域经济发展特点按照科普版地理课本八年级下册进行地带划分引出31个省级行政区的特点来展现省、自治区、直辖市和港澳台的热点和部分知名旅游景点。图书展现了旅游故事、漫画和打卡景点等，以研之有旅的诗词，体现一种笑嘻嘻的旅游心境，同时也讲述了旅游中需要考虑的各种情况，还有见识、礼仪、规范和安全等有利于青少年用积极向上的旅游心境来了解中国大地上旅游资源的特点、价值、意义、传承的重要性，不但能够寓教于乐地让青少年了解到旅行对于拓展眼界、认知和学识的积极作用，更能展现祖国大地旅游资源的丰富和多彩。

这不只是华夏神州旅游文化的展现，更是从古至今华夏神州大地上，对于在旅游中见天地、见世界和见自己的一种哲思和心境的体现，这种哲思和心境对于青少年的成长如沐春风。

书本里的开心旅行团所展现的是一种旅行的志趣和成长，而这些成长不仅仅是青少年的，而是对旅行，特别是对华夏神州旅行充满执着和热爱的每个人。

目 录
CONTENTS

东部地带 篇

北京……………002
天津……………010
河北……………018
辽宁……………026
山东……………033
江苏……………041

上海……………049
浙江……………057
福建……………066
广东……………074
广西……………082
海南……………090

中部地带 篇

- 黑龙江……100
- 吉林……108
- 内蒙古……116
- 山西……124
- 河南……132
- 安徽……140
- 湖北……148
- 湖南……156
- 江西……163

西部地带 篇

- 新疆……172
- 宁夏……180
- 甘肃……189
- 陕西……197
- 青海……205
- 西藏……213

四川 ……………… 222

重庆 ……………… 230

云南 ……………… 238

贵州 ……………… 246

特别篇

香港 ……………… 256

澳门 ……………… 264

台湾 ……………… 272

> 目录和全书体例是参照教育部审定的科普版地理课本八年级下册内容，对全国31个省级行政区域和港澳台进行地带划分，分为：东部地带篇，中部地带篇，西部地带篇和特别篇。

东部地带篇

DONGBU DIDAI PIAN

故宫

长城

大明湖

黄崖关长城

北戴河风景名胜区

北 京

研之有旅

诗词伴我行

登幽州台歌

唐·陈子昂

前不见古人,后不见来者。
念天地之悠悠,独怆然而涕下。

地域风情

中国政治和文化的中心

导语:北京,简称"京",是中华人民共和国的首都,首批国家历史文化名城和世界上拥有世界文化遗产数最多的城市,有三千多年的历史。

旅游故事

笑嘻嘻、金豆豆和侯小急是开心小学的同班同学。这几位同学平时在学校的乐子可不少，整天嘻嘻哈哈开心又热闹（具体故事请看《笑嘻嘻日记》）。

最近呀，他们准备建立一个旅游组合，名字叫——笑嘻嘻开心旅游团，来完成游遍中国的研学之旅。

第一站就是我们伟大祖国的首都北京。

之所以选择北京，是因为这里是首都还有悠久的历史和丰富的文化，可以长知识。

到了北京，大家顾不得休息，立即计划去哪儿玩了。

笑嘻嘻蹦起来说："我要去故宫，因为那里能看到中国最伟大的建筑。"

侯小急说："我想去天坛，听说那的回音壁有传声筒的功能，可神奇了。"

笑嘻嘻说："我还想去天安门，去那拍照留念。"

侯小急又说："我还想去鸟巢和水立方，那是2008年夏季奥运会的主会场。"

他俩叽叽喳喳地说，只有金豆豆不作声。

于是，大家问金豆豆最想去哪儿？

金豆豆赶紧说："我想去吃北京烤鸭，听说可好吃了。"

好吧，金豆豆就想着吃。

笑嘻嘻总结了大家说的这几个地方，发现都在北京的中轴线上，那正好来个北京中轴线大探秘。

在古时，北京的城市布局一直颇为讲究，遵循着古人所讲究的"天人合一"这一理念。

北京城市的中心轴线，从南边的永定门到北边的钟鼓楼，北京中轴线南段路遗存，先农坛，天坛，正阳门，天安门广场

及建筑群，天安门和外金水桥，端门，太庙，社稷坛，故宫，景山，万宁桥，钟鼓楼。这条中轴线可谓汇集了华夏古代建筑之大成。

大家坐着地铁，先来到了天坛，游览了祈年殿和回音壁。

接下来，是永定门和先农坛。再往前走，便是前门大街和大栅栏了。

在这里，大家吃了一些北京小吃，就到了天安门广场。穿过天安门，他们去了故宫。

故宫是北京中轴线的中心点，是笑嘻嘻最想看的地方。当然，金豆豆和侯小急也特别感兴趣，于是大家决定重点游览。

笑嘻嘻还不忘给大家秀一下自己的知识储备，主动当介绍员："故宫旧称紫禁城，是明清两朝的皇宫，也是世界上现存最大、最完整的木质结构古建筑群，被誉为世界五大皇宫之首。"

侯小急想到一个问题，立刻问："故宫为什么叫紫禁城呀？"

金豆豆连忙抢答："我猜故宫是紫色的？"

笑嘻嘻忍不住笑："你才是紫色的呢！还是让我这个知识小博士告诉你吧！古人喜欢将天文和生活联系起来。因为天帝居住的地方叫紫微宫，而人间的皇帝自

称是受命于天的'天子',所以住的地方也取名叫'紫微宫'。由于皇宫在古代属于禁地,所以合起来就叫作'紫禁城'。"

他们有说有笑地进了午门,穿过"太和门",便到了"太和殿"。

太和殿是故宫最大的宫殿,门前立着栩栩如生的铜龟和铜鹤,象征着"国运永昌"。内部用七十二根柱子支撑,用大量的金色来装饰,也称"金銮殿"。是明清两朝皇帝举行朝政大典的主要场所。

太和殿后边分别是"中和殿"和"宝和殿",它们由很多根红色的大柱支撑,每根大柱上都刻着威武的金龙,特别壮观。

这三座大殿是故宫最有名气的"三大殿",是故宫的中心。

笑嘻嘻和金豆豆登上太和殿的汉白玉台阶,围着大殿绕了一整圈。

因为,这里是北京中轴线的居中之位。

出了故宫,笑嘻嘻就和金豆豆奔向了景山,因为笑嘻嘻听说登上景山,就能看到紫禁城的全貌。

结果登上景山之后,他们收获更大,这里视野开阔,可以将整条中轴线尽收眼底。

伙伴们惊讶着,北京城的大气恢宏和气象万千真是超出想象。

尤其是金豆豆,下了景山还不忘买根冰糖葫芦,告诉大家这是为了压压惊。

当然,这种方法也得到了笑嘻嘻和侯小急的赞同。瞬间,他们每个人手里都多了一根"红光满面"的冰糖葫芦。

他们一边吃一边走,接着畅游了后海和钟鼓楼。

最后,他们去了奥林匹克中心。鸟巢和水立方坐落在这里,见证2008年奥运会的辉煌时刻。

鸟巢和水立方象征着自然与和谐,这里充分展示了北京的古代与现代,过去和将来。

就这样,他们顺利地参观完了北京的中轴线及其周边建筑。

通过这一次的北京中轴线探秘,笑嘻嘻和伙伴们了解了首都北京悠久的历史和文化。他们都准备回去写一篇游记,记录这一次难忘的旅行。

笑嘻嘻说:"我的游记最厉害,名字叫——笑嘻嘻探索伟大首都北京。"

侯小急说:"我的游记才厉害,名字叫——侯小急畅游北京。"

只有金豆豆不说话。

大家问:"金豆豆,你的游记名字叫啥?"

金豆豆扭捏地说:"嘿嘿,我不记得都游过啥,就记着北京烤鸭真好吃。"

说完,还不忘抹一抹快要流出来的口水。

好吧!这家伙光想着吃。

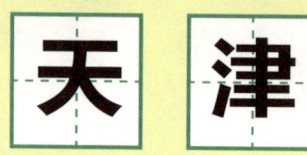

研之有旅 ●●●

诗词伴我行

拱北遥岑

明·李东阳

百尺高楼拱帝廷，北山秋望八空冥。
太行西带城烟碧，碣石东连海树青。
吟客放怀朝挂笏，使游翘首夜占星。
监司正属埋轮地，一夜朝天梦几醒。

地域风情 ●●●

华北咽喉，河海要冲

导语：天津简称"津"，土地总面积11.96万平方千米，至2024年常住人口1300多万。天津是中国四大直辖市之一，是北京通往东北、华东地区铁路的交通咽喉和远洋航运的港口，有"河海要冲"和"畿辅门户"之称。

旅游故事

又到了旅游猜谜语的时间,笑嘻嘻今天出的题是:银河渡口,打一地名。

侯小急第一个举手,他兴冲冲地说:"我先猜,银河渡口停泊的肯定是银色的船,取谐音,那就是'银川'。"

金豆豆说:"非也,银河渡口这个地方肯定特别适合钓鱼,我猜是钓鱼城。"

笑嘻嘻摇摇头,提醒他们:"你俩说得不对,我提醒你们,这城市离北京很近。"

田心拿着地图说:"我知道啦!这个城市是天津。"

笑嘻嘻点点头说:"答对啦!还是田心聪明。"

"为什么是天津呢?"金豆豆和侯小急不明所以。

"因为银河在天上,津就是渡口的意思,所以天上的渡口就是指天津呀!"

侯小急和金豆豆点点头,侯小急说:"原来是这样,我们都没去过天津,真是对它一无所知呢!"

金豆豆却说:"是你对天津一无所知,我对天津非常了解,那有许多好吃的。"

侯小急问:"那你吃过吗?"

金豆豆吞了吞口水说:"并没有,我只是听说。"

"既然你们都没去过,那我们这次一起去一趟吧!"笑嘻嘻提议。

"好呀好呀!"大家一致赞同。

就这样,笑嘻嘻带着大家又一次出发,来到大家仰慕已久的天津。

天津城区有好多历史文化景点,他们先来到天津的母亲河——海河,这条河上,坐落着几座非常有名的大桥。

有轮桥合一的"永乐桥",这座桥上神奇地镶嵌着号称"天津之眼"的巨大摩天轮。设计得精巧别致不说,乘坐这个摩天轮,还能俯瞰到天津城的美景。

有历史悠久的"金汤桥",这座桥兴建于1906年,是天津最早,也是目前国内仅存的三跨平转式开启的钢结构桥梁。

还有解放桥,这座桥建于1927年,是一座全钢结构可开启的桥梁。它不仅是天津的标志性建筑物之一,也是以建造巴黎铁塔而闻名的工程师在中国唯一留下的作品。

走过了这几座桥,他们就来到了五大道,这里有二十世纪二三十年代留下的2000多座各式各样的建筑,有众多的文艺复兴式建筑、庭院式建筑以及中西合璧式建筑等,被称为"万国建筑博览苑"。

接下来,大家走到了有"中国古瓷博物馆"之称的瓷房子。这是一幢举世无双的建筑,它全身上下镶嵌着无数的古瓷器,让人赞叹中国瓷器的丰富和伟大。

看完这些建筑，大家来到滨海航母公园，在这里，军事迷侯小急开心地登上了巨大的航空母舰，他站在上面让笑嘻嘻给他拍照留念，并且告诉大家，回去之后一定要做一艘航空母舰模型。

他刚说完，金豆豆就买了一艘航母的模型走过来。不过，他不是送给侯小急而是买给自己的，因为他也是航母迷。

既然他们这么喜欢军事，笑嘻嘻就带他们参观了"平津战役纪念馆"，接受了一番爱国主义教育。

从纪念馆出来，善于观察的田心发现在天津好多的老建筑的门上都贴着好看的年画。

笑嘻嘻告诉田心，这是全国最有名的年画，杨柳青年画。以前过春节的时候，家家户户贴的年画几乎都是杨柳青设计和印刷的。

田心开心地买了一幅自己喜欢的财神年画，准备回去送给老爸！

最后，大家发现金豆豆走到一个名叫"狗不理"的店铺门前，走不动了。

笑嘻嘻看着金豆豆的口水正在"飞流直下三千尺"，一下子就知道了是怎么一回事。

原来这家叫作"狗不理"的店铺，卖的是天津有名的小吃"狗不理包子"。

笑嘻嘻请大家吃了一顿好吃的包子，吃完包子，笑嘻嘻还请伙伴们去听了特别搞笑的相声,了解了天津的地域文化。

饱览完天津的美景,学到了许多旅游知识,大家圆满地完成了这一趟天津之旅。

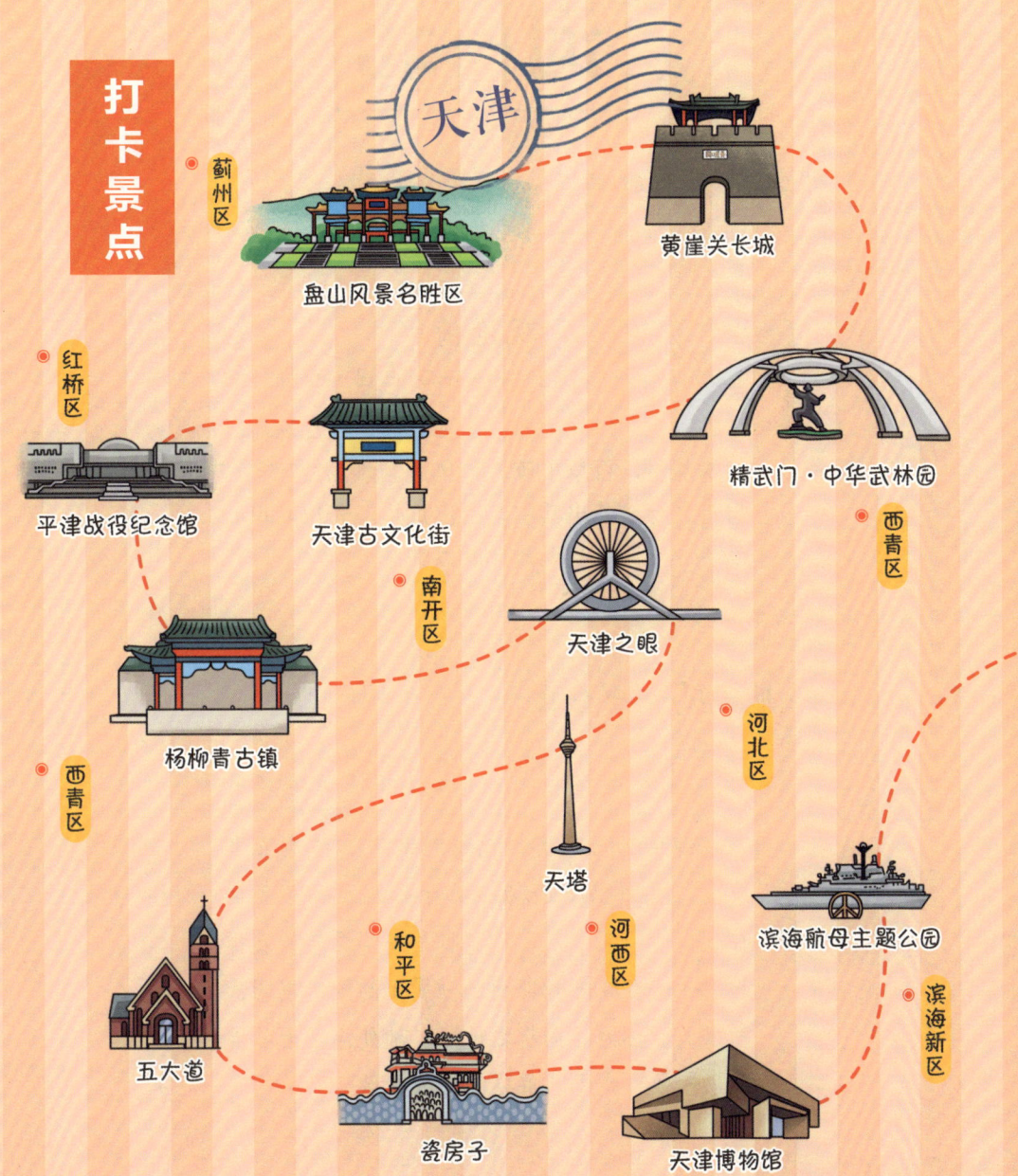

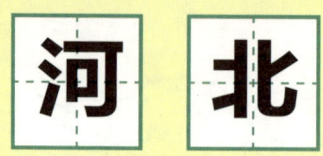

研之有旅 ●●●

诗词伴我行

观沧海

东汉/三国·曹操

东临碣石，以观沧海。水何澹澹，山岛竦峙。
树木丛生，百草丰茂。秋风萧瑟，洪波涌起。
日月之行，若出其中。星汉灿烂，若出其里。
幸甚至哉，歌以咏志。

地域风情 ●●●

幽燕故地，慷慨民风

导语：河北省，简称"冀"，省会石家庄市，总面积18.88万平方千米，至2024年常住人口为7300多万。河北省是中华民族的发祥地之一，在战国时期大部分属于赵国和燕国，所以又被称为"燕赵之地"，地处温带大陆性季风气候，是中国重要的粮棉产区。

旅游故事

这次，几个小伙伴准备去哪里旅游呢？

笑嘻嘻宣布："我们去河北省，因为河北省是中国唯一兼有高原、山地、丘陵、平原、湖泊和海滨的省份。"

小伙伴们听了这些介绍，对河北之行充满了期待。

在笑嘻嘻的带领下，他们首先来到了山海关。

侯小急一到山海关的城楼前，就被眼前的雄伟城墙惊呆了。

"哇，天下第一关呀！"金豆豆望着城墙上的匾额也赞叹不已。

"笑嘻嘻，山海关为什么是天下第一关啊？"侯小急问。

笑嘻嘻立刻科普："山海关的地理位置是中原地区和北方的分界线，地理位置特别重要。所以一直被称为天下第一关。"

他们走进城门，走马灯似的看着历史遗迹。

山海关内有90多处名胜古迹,以长城为主线,形成了"老龙头""孟姜女庙""角山""天下第一关""长寿山""燕塞湖"六大风景区。

每一处都有着吸引人的故事,简直让金豆豆和侯小急流连忘返。

出了山海关的城区,接下来,他们来到"承德避暑山庄"。

这里是清代的皇家避暑胜地,不仅风景美丽,还有许多文物古迹。

刚来这里,侯小急就跳起来说:"这里啊,特别适合金豆豆。"

"为啥适合我啊?"金豆豆好奇地问。

侯小急说:"因为这里是'撑得'避暑山庄啊!"

"撑得?"

"对啊!金豆豆每次吃零食都会吃撑,正好在这里歇一歇。"

"原来你是在取笑我啊!你真是吃饱了撑的才会这样说。"金豆豆听了就想去挠侯小急痒痒,惩罚他。

侯小急一听,立刻捂住肚子:"哎呀,好难受。"

"喂!侯小急,你没事儿吧!怎么突然就难受了。"

"我突然被金豆豆传染,肚子撑着了,撑得难受。"

大家这才知道,又是侯小急在耍怪。

说完,他一溜烟儿蹿进了大门,大家就这么跟了进去。

进了避暑山庄,伙伴们发现这里超级美,有山有水,风景宜人,亭台楼阁错落其间。简直是北方的"苏州和杭州"啊!

更有甚者,田心都不想走了。

"伙伴们,河北省还有许多名胜古迹,咱们应该继续前进啊!"笑嘻嘻提醒大家。

随后,笑嘻嘻又带着大家参观了西柏坡。西柏坡是中国革命圣地之一,是毛主席和党中央指挥解放战争走向全国胜利的重要地点,是非常著名的爱国主义教育基地。

喜欢解放军的侯小急在这里拍摄了很多照片,他每拍一张照片就惊奇地发现照片的背景里都会出现同一个人。

那就是金豆豆。

原来呀,金豆豆还记着先前侯小急说他老吃撑的仇呢,只要侯小急拍照,他就偷偷跑进镜头,给侯小急来个"吃饱了撑"的背景板。

他俩是真够淘气的,笑嘻嘻和田心不理他们,认真地看着这些风景名胜。

最后,他们来到了白洋淀。

这里啊,是河北省最大的湖泊,以其物产丰富、风景秀丽而著名,被誉为"北国江南",是旅游、观光和探寻历史文化的好去处。

还有特别吸引侯小急和金豆豆的一点,那就是钓鱼,并且钓到的鱼可以随便吃。

侯小急和金豆豆立即开始钓鱼比赛,结果他们的成绩超级显著,一条鱼也没钓上来。

为什么呢?因为他俩钓鱼的时候都在打嘴仗呢。

还好,岸边农家院的爷爷奶奶送了他们一条大鱼,晚上还给他们做了一顿白洋淀炖鱼。

吃得开心,玩得开心,还看到、听到许多的知识和趣闻,这趟河北之旅真是让人难以忘怀啊!

游览完了河北省,开心旅游团愉快地回家啦!

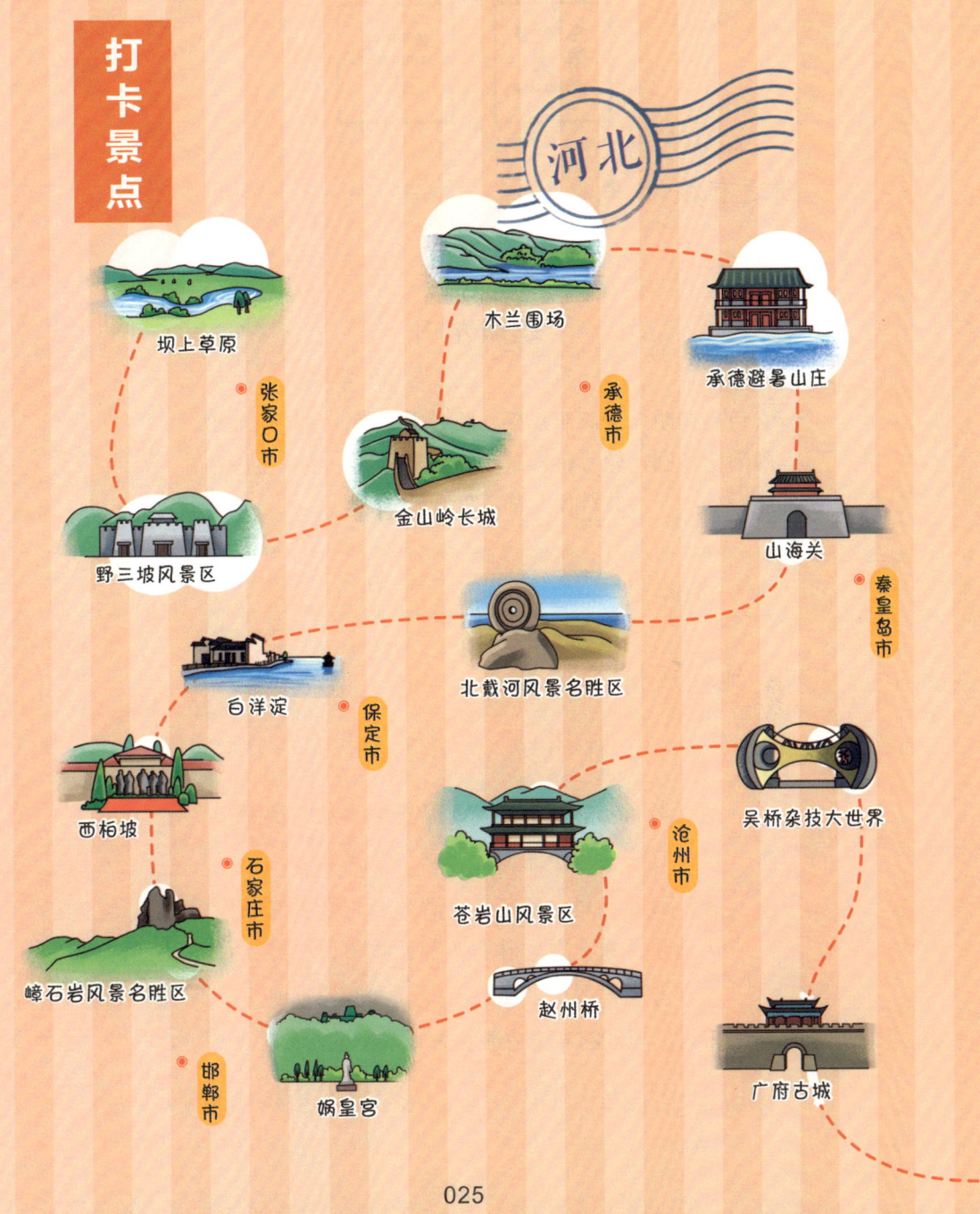

辽宁

研之有旅 ●●●

诗词伴我行

辽城望月

唐·李世民

玄兔月初明，澄辉照辽碣。映云光暂隐，隔树花如缀。
魄满桂枝圆，轮亏镜彩缺。临城却影散，带晕重围结。
驻跸俯九都，停观妖氛灭。

地域风情 ●●●

北国风光，冰雪世界

导语：辽宁省，简称"辽"，省会沈阳市。辽宁省位于东北的南部，南濒黄海、渤海，西南与河北省接壤，西北与内蒙古自治区毗连，东北与吉林省为邻，东南以鸭绿江为界与朝鲜隔江相望，陆地面积14.8万平方千米，至2024年全省常住人口4100多万。

旅游故事

不久前,笑嘻嘻和伙伴们去了河北省,这次啊,他们决定去东三省未去的地方——辽宁省。

侯小急听说去辽宁,就问:"辽宁,为什么叫辽宁不叫辽阔呢?谁能告诉我辽宁这个名字的由来是什么?"

金豆豆回答:"这很简单,就是这个地方的人,相互问好的意思。"

"相互问好?"

"对啊!你看,大家早晨问好不是说'古德猫宁'吗?里边都有'宁'。"

"晕,你这是不懂装懂。"

笑嘻嘻捂着肚子笑:"金豆豆说错啦!真正的答案是因为辽河,辽河是辽宁的母亲河,这个名字是寓意美丽富饶的辽河流域永远安宁。"

"原来是这样啊!那么辽宁都有什么好玩的地方?"

"辽宁啊,好玩的地方特别多呢!这么说吧,这里有山

有海，有江有河。"

"哇塞，山、海、江、河竟然都包含，辽宁太厉害了吧，咱们赶紧去见识见识，我都迫不及待想看看辽宁的美丽风光啦！"

"好，那我们现在就出发。"

于是，在笑嘻嘻的带领下，伙伴们即刻出发。

路上侯小急问："笑嘻嘻，辽宁的'山海江河'，分别都是哪儿呀？"

"山是千山，海是渤海和黄海，江是鸭绿江，河是辽河。"

由于笑嘻嘻的亲戚在辽宁，所以她对这里非常熟悉，决定带大家按照"山海江河"的顺序游遍辽宁。

首先，他们来到辽宁的名山——千山。据说这里的山峰有999座，接近1000座之多。并且每一座山峰都形态不同，是辽宁的避暑胜地。

爱画画的侯小急带着速写本，在千山上开始写生。因为山峰的形态各异，他画啊画，把每座山峰的形态都勾勒了出来。大家看着他的速写本都看笑了，因为啊，侯小急画得特别夸张，把山峰画成了猴子、小猫、狮子、老虎。

下了千山，大家去看海。辽宁有漫长的海岸线，同时毗邻我国四大海域中的渤海和黄海。

他们来到海滨名城大连，大连是北方最大的港口，被称为"北方香港"，不仅气候宜人，而且干净整洁。他们在海边捡贝壳玩沙子，还看到了许多大轮船。

随后，他们在大连的极地海洋馆，看到了许多可爱的海洋动物。最可爱的是极地企鹅和北极熊。

山和海看完了，下一站，笑嘻嘻带大家直奔鸭绿江，去看著名的鸭绿江大桥。这里啊,有一座抗美援朝的大桥遗址。看完遗址,他们还去了抗美援朝纪念馆,在这里接受了一番爱国主义教育。

鸭绿江看完,接下来又看了辽宁的母亲河——辽河。在辽河的不远处,就是辽宁的省会沈阳。

沈阳是一座历史名城,历史遗迹众多,他们游览了沈阳故宫和博物馆。沈阳故宫历史悠久,和北京故宫相比,更有满族特色。

最后,笑嘻嘻问:"怎么样?辽宁好玩吧!"

金豆豆赞叹道:"辽宁的江河山海景色看得嗨皮,吃得也嗨皮啊!"

笑嘻嘻笑着说:"就知道你会这么说,你还记得这一路都吃了哪些特色美食吗?"

金豆豆掰着手指头说:"有盘锦大米、沟帮子熏鸡、营口的鲅鱼,最好吃的还是大连的海参和鲍鱼……"

就在金豆豆的美食总结中,大家开心地结束了这一趟辽宁之旅。

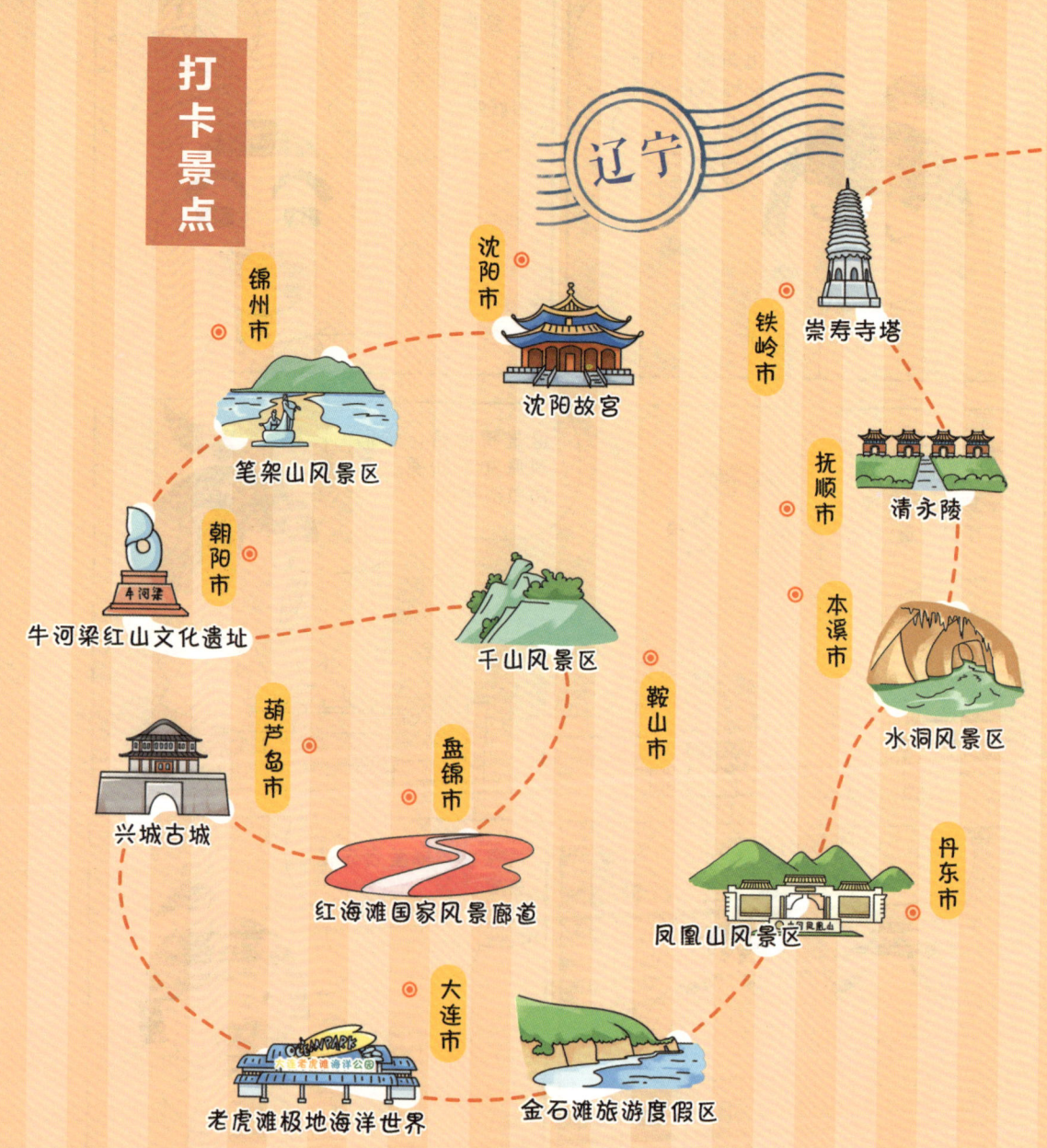

研之有旅 ●●●

诗词伴我行

望岳

唐·杜甫

岱宗夫如何？齐鲁青未了。
造化钟神秀，阴阳割昏晓。
荡胸生曾云，决眦入归鸟。
会当凌绝顶，一览众山小。

地域风情 ●●●

齐鲁大地，诗书礼乐

导语：山东，简称"鲁"，别称"齐鲁"，省会济南市。"山东"最初主要指崤山、华山或太行山以东的黄河流域广大地区。山东濒临渤海和黄海，与河北、河南、安徽、江苏4省接壤，至2024年常住人口1.1亿左右。

旅游故事

"会当凌绝顶,一览众山小。"

侯小急在背诗,他拿着书,头上打起了问号。

"侯小急,你在背杜甫的《望岳》呀!怎么了?有什么疑问吗?"笑嘻嘻问。

"我只是不明白,中国最高的山不是喜马拉雅山吗?而且比泰山高多了,怎么登上泰山能一览众山小呢?"

"这个嘛!看来我们要到实地考察一番啦!"笑嘻嘻立刻有了主意。

侯小急立刻点头,表示赞同。

田心和金豆豆也立刻拍手叫好:"好哎!又可以去玩啦!"

就这样,开心旅游团直奔山东,准备来一次走遍山东的研学之旅。

当然,他们第一站要登上闻名遐迩的——泰山,先为侯小急找到他想要的答案。

在泰山脚下,笑嘻嘻指着上山的阶梯说:"从这里到最高峰玉皇顶,有6400级台阶呢!我们看看谁第一个先登上去。"

"我可以。"

"我也可以。"

"我绝对可以。"

侯小急、金豆豆和田心都信誓旦旦地说。

可还没爬到一半,他们就叫苦不迭啦!

"哎呀!太高了,我看叫'太山'比较合适。我的腿都爬酸啦!需要歇一会儿。"侯小急嚷嚷。

"没文化,泰山的'泰'是国泰民安的'泰'好吧!"笑嘻嘻嘲笑侯小急。

"我腰也酸啦!也要歇一会儿。"田心气喘吁吁地说。

"我全身都酸!肚子还饿呢。"金豆豆也嚷嚷。

"那我们先歇一会儿吧,不过我要提醒你们哦!泰山的台阶有十八盘哦!接下来还要继续加油的。"笑嘻嘻说。

"十八盘是什么意思呀?"田心发起了疑问。

"十八盘?什么十八盘。"侯小急不明所以。

"十八盘的意思,是登上泰山要吃十八盘菜。"金豆豆想了想说。

"十八盘不是吃的,是十八道石级阶梯。"笑嘻嘻解释。

"可是不吃点东西我根本爬不动啊!"金豆豆叹了口气。

"我给你们带了山东美食,咱们补充一下能量,再继续爬!"笑嘻嘻掏出几个煎饼递给大家。

"这里边还有大葱?"侯小急叫道。

"哇塞!这是煎饼卷大葱,山东特色美食。"见多识广的田心称赞道。

"太好吃啦!又香又甜,又脆又解饿啊!"金豆豆早就吃上了。

侯小急也咬了一口,忍不住赞道:"真的哎!超好吃。"

补充了能量,大家一口气爬上了泰山的最高峰玉皇顶,不仅看了山上的风景,还看到了许许多多的泰山石刻,每一个石刻笑嘻嘻都给大家讲了一段相关的故事。

登上山顶,看着周围的山都变小了,侯小急一拍大腿叫道:"原来一览众山小是这个意思啊!"

"是啥意思?"

"是在泰山顶上看周围的山,都会感觉很小。"

"这回你知道了吧!所以说百闻不如一见。"笑嘻嘻笑着说,"不过呢,这里最好看的应该是日出。"

"在泰山看日出,超美的。"田心也附和。

"我要看我要看。"侯小急和金豆豆强烈要求。

就这样,大家在泰山顶上看了壮观的日出,领略了像水墨画一样的日出云海美景,才恋恋不舍地下了泰山。

接下来,大家去了趵突泉和孔庙,又去了千佛山和沂蒙山,领略了齐鲁大地的众多名胜古迹。

笑嘻嘻让大家都想一句话,来概括山东之行的感受。

侯小急说:"泰山美如画,我们都爱它。"

田心说:"天下第一泉,济南趵突泉。"

金豆豆说:"德州扒鸡味道美,周村烧饼脆又脆,蓬莱小面吃不够,枣庄煎饼真开胃,黄河鲤鱼香又香,临沂炒鸡味道棒……"

"停!"笑嘻嘻赶紧打断金豆豆,"让你说一句话,怎么说这么多。"

"一句话根本不够嘛!"金豆豆流着口水说。

好吧!齐鲁之美,一次根本看不够,大家决定下次还要来。

江 苏

研之有旅

诗词伴我行

枫桥夜泊

唐·张继

月落乌啼霜满天,江枫渔火对愁眠。
姑苏城外寒山寺,夜半钟声到客船。

地域风情

华东宝地、江南风貌

导语:江苏省,简称"苏",省会是南京市。这里位于长江三角洲地区,与上海市、浙江省、安徽省、山东省接壤。据考证江苏建省始于清代初年,取江宁府、苏州府两府之首字而得名。这里拥有"吴文化""金陵文化""淮扬文化""楚汉文化"等多元文化及地域特征,共坐拥13座国家历史文化名城。

旅游故事

"旅游脑筋急转弯儿,谁答对了就是小神仙儿。"爱好旅游知识的侯小急又开始给大家出题了。

"听好了哈!哪儿的狮子最多?"

金豆豆想了想说:"当然是动物园啊!外边可没有。要是狮子走在街上,那它们可就要吃人啦!"

说着金豆豆还装扮起了狮子,张开肉嘟嘟的嘴巴,学着狮子"嗷嗷"地叫了两声。

侯小急摇摇头:"不对。"

田心也来回答:"是非洲大草原吗?那儿的狮子挺多的。我经常看动物世界,所以我知道。"

"也不对。"侯小急继续摇头。

"那是哪儿?"

"既然你们都不知道,那我就公布答案啦!是狮子林。"侯小急得意扬扬,每次出的题要是没人回答出来,他就特别得意,然后还不忘记自恋一番:"我就说嘛!论旅游百科知识,谁也没有我知道的多,我简直是旅游百科之王,哈哈哈!"

"哼!你就是吹牛之王。"田心和金豆豆都觉着侯小急太臭美了。

他正嘚瑟呢!笑嘻嘻刚好走过来问:"说到狮子林,你知道狮子林在哪儿吗?你知道狮子林为什么叫狮子林吗?你知道狮子林的来历吗?"

"这个……"

这可把侯小急问住了,他想了想说:"我只知道,狮子林是一座假山。是非常著名的假山,许多人都喜欢它,还为它画画写诗。"

笑嘻嘻继续说:"你光知道狮子林那可远远不够。告诉你吧,狮子林是苏州的一个园林景区,是苏州四大名园之一。"

田心听了,赞叹说:"都说苏州园林超级美,可惜还没去过呢。"

笑嘻嘻说:"既然这样,那我们这就去吧!正好,让侯小急真正地了解一下狮子林和苏州园林,长长见识,省得他天天学到了一点皮毛就出来自恋。"

苏州位于江苏省,是全国有名的旅游文化名城。他们刚到苏州,就感受到了江南的美丽风景。这里湖水碧绿,柳树婀娜。

一大早,大家就去小吃街吃早饭。金豆豆老早就提出要求,这次到了苏州要先吃美食。不吃饱没有力气游玩。

一会儿,香甜的蒸饺、烧卖,香气四溢的小笼包和云吞面摆满了餐桌。

最夸张的是金豆豆，他给大家点了五屉小笼包，自己吃了四屉。

吃饱喝足，笑嘻嘻带领大家去逛苏州园林，第一站当然是狮子林。

狮子林位于苏州城东北，大家一进园子就看到了这一座闻名遐迩的假山。

侯小急惊呼："果然像很多狮子哎！"

大家走近了瞧，发现除了狮子，假山上的山石还像猎豹、老虎和人。

笑嘻嘻指着山石给大家介绍：狮子林假山是中国园林仅存的大规模假山，它的造型群峰起伏，奇峰怪石众多……

她还没说完，金豆豆和侯小急就不见了。

"金豆豆、侯小急，你们去哪儿啦？"田心在山底下轻声喊。

突然，侯小急的脑袋从山石的夹缝中伸出来，喜笑颜开地说："快看，我们发现了什么。"这时候金豆豆也露出脑袋说："我们发现了这里边有许多迷宫一样的山洞哎！"

原来，这两个家伙在狮子林假山上的山洞里玩起了捉迷藏。

笑嘻嘻摇摇头说："假山群采用迷宫式做法，分上、中、下三层，有山洞二十一个，曲径九条。你们要是瞎跑，会迷路的。"

田心赞叹说："真没想到，这个景观假山，像玩具城堡一样。"

侯小急人

在山洞里,听见田心的话,接茬道:"要是旁边再修一个滑梯就更好啦!"

笑嘻嘻提醒:"你们差不多就行啦!这可是咱们国家的文化遗产,不是你们的游乐场,小心话多被狮子给吃了,这可是狮子林呀。"

可是侯小急这会儿早就跑没影了,根本没听到笑嘻嘻的话。

游览完了狮子林,笑嘻嘻又带着大家去了拙政园、沧浪亭和留园。每个园子都给人留下了深刻的印象。

游完了苏州,他们还去了太湖和周庄古镇。在这些地方,伙伴们坐着船看了许多美丽的江苏风景。

当然,这个过程中,大家都补充了许多关于江苏省的旅游知识。回去的时候,都觉得不虚此行。

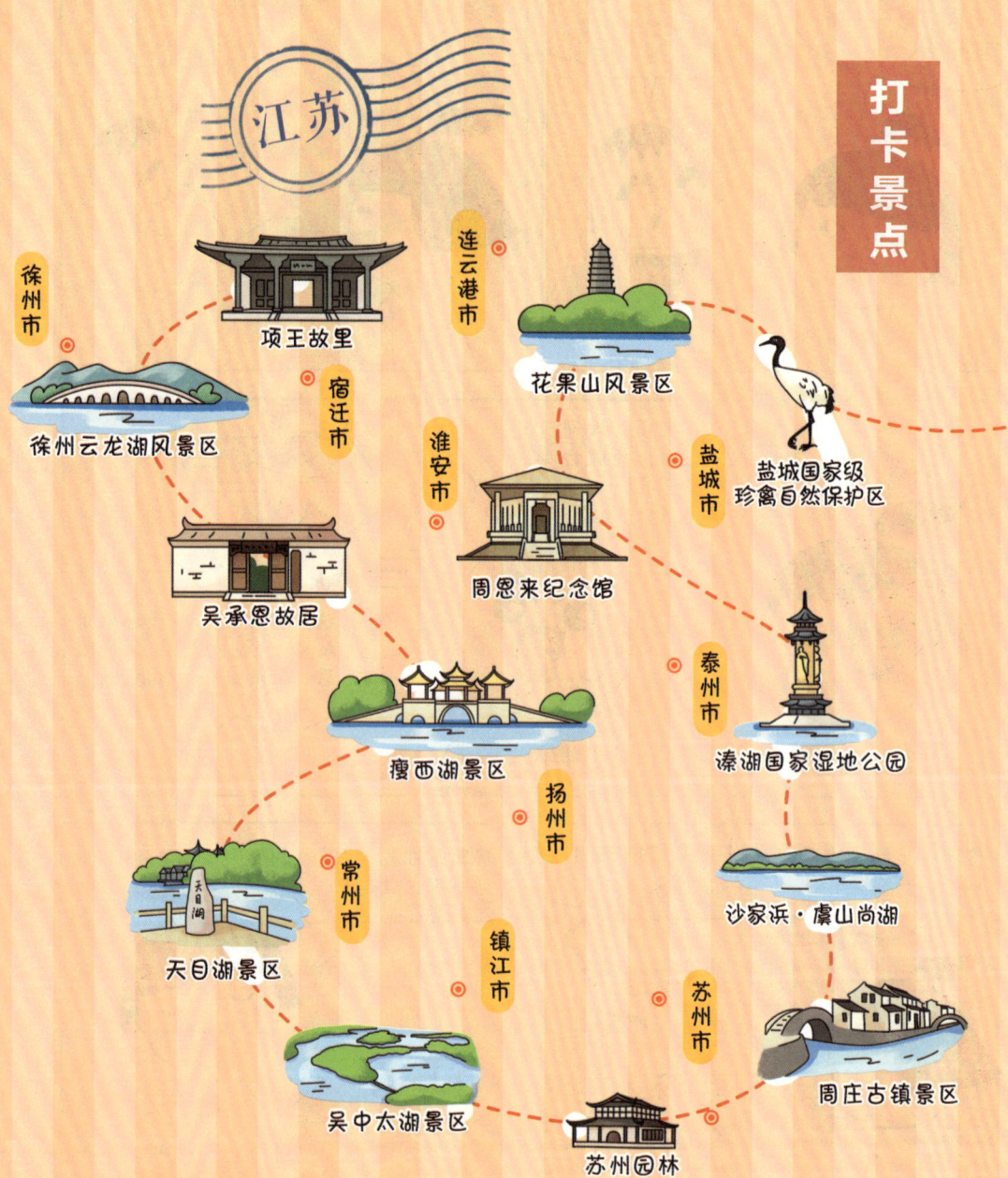

上 海

研之有旅 ●●●

诗词伴我行

忆江南

唐·白居易

江南好，风景旧曾谙。
日出江花红胜火，
春来江水绿如蓝，
能不忆江南。

地域风情 ●●●

东方明珠，海派天涯

　　导语：上海市，简称"沪"，别称"申"，是我国四个直辖市之一。上海也是国家中心城市、超大城市。上海位于中国华东地区，是中国国际经济、金融、贸易、航运、科技创新中心，也是中国历史文化名城，世界一线城市。

旅游故事

金豆豆最近特别想出去玩儿，他对笑嘻嘻说："听说上海的迪士尼超级好玩儿，我特别想去，咱们这一次去那里吧！"

"好呀！"笑嘻嘻点头，"不过上海的景点还有许多呢！可不止迪士尼一个哦！我们可以来个游遍上海。"

田心连忙赞同："上海是中国的超大城市，经济发达，城市先进，我早就想去啦！"

侯小急听说去上海，连忙举双手赞成，还把腿抬了起来。

金豆豆笑着说："侯小急，你这是啥意思？难道是举三只'手'赞成？"

侯小急说："我这不是为了表示我特别赞成、超级赞成、坚定不移地赞成么！所以才手脚并用，一个人投三票。"

田心打趣儿："你干脆把另一只脚也抬起来得了，那就是四票，一个人就比我们三个人的票数多。"

侯小急眼睛一亮说："对

呀！还是你数学好！"

接着，他真的抬起了最后一只脚，结果，"咣当"一声，人就摔了个四仰八叉加七荤八素。

"唉哟我的妈哎！"侯小急揉着屁股哀号，"田心你给我挖坑，我把脚都抬起来，用什么支撑身体。"

金豆豆笑着说："屁股啊！"

"哈哈哈哈……"大家都笑了。

侯小急真是欲哭无泪啊！谁让他一兴奋就嘚瑟呢！

笑嘻嘻扶起了侯小急说："好啦！为了补偿你被摔成了两瓣的屁股，我们决定明天就去上海旅游。"

侯小急一听要去上海玩儿，立刻开心起来。一会儿蹦两下，一会儿拍手。也忘了屁股摔得那么疼了。

就这样，开心旅游团满怀期待地来到了上海。

笑嘻嘻先带领大家来到上海的标志性建筑——东方明珠电视塔。

登上电视塔，可以俯瞰上海城市的美丽。伙伴们在电视塔的最高处，赞叹着上海这座繁华的大都市，如此地充满活力。

下了电视塔，他们来到南京路。

南京路是上海著名的商业街，这里异常繁华。街边各色的门店商品琳琅满目，街上络绎不绝的游客和行人，来来往往。

金豆豆也忙死了，一会儿要吃冰激凌，一会儿要喝奶茶，一会儿要吃西餐。准备把这条街的好吃的，全部吃遍。

从南京路出来，大家去了外滩。

这里有着许许多多的古老建筑，每一座都有百年的历史，可以说是上海发展的见证者。

外滩旁边就是黄浦江，在这里，可以看到许多船只。它们从各个地方汇聚到上海这个国际贸易大港口。

"什么时候去迪士尼呀？"

金豆豆都等不及了。

"我们现在就去吧！"

笑嘻嘻说着，就带着伙伴们直奔迪士尼乐园。

上海迪士尼乐园，位于上海市浦东新区川沙镇黄赵路310号，于2016年6月16日正式开园，是中国内地首座迪士尼主题乐园，也是中国规模最大的现代服务业中外合作项目之一，是一座具有纯正迪士尼风格并融汇了中国风的主题乐园。

这里占地1.16平方千米，主题园区分为米奇大街、奇想花园、探险岛、宝藏湾、明日世界、梦幻世界、迪士尼和皮克斯玩具总动员，有迪士尼城堡、漫威英雄总部、巴斯光年星际营救等游乐项目。

金豆豆最喜欢米奇，他迫不及待地直奔米奇大街，要在那里和他的偶像米奇拍照留念。

笑嘻嘻问金豆豆为什么这样喜欢米奇,金豆豆说:"因为米奇乐观啊!"

侯小急不喜欢米奇,他最喜欢孙悟空。

他对大家说:"要是有一个西游记乐园就好了,我一定天天去。"

田心说:"那等你将来自己建一个,到时候邀请我们去玩儿。"

侯小急一拍胸脯说:"没问题,到时候你们可以免费天天去。"

大家都希望侯小急的梦想能快点儿实现,这样就可以天天去玩儿啦!

从迪士尼乐园出来,笑嘻嘻带着大家去了上海科技馆。

这个科技馆可厉害了,有模拟航天员训练的太空舱,有星系的模型,还有各种能动手操作的仪器台。

这可把侯小急忙坏了,他每一个都要试一试。最后,他不知道怎么站到了一个台上,头发瞬间直立起来。这可把他吓坏了,结果下来一看,原来是静电。

侯小急抚着胸口大喘气说:"科学太神奇了,刚才我担心极了,要是我的头发一直竖着,那可不好看。"

这个科技馆的体验真是太棒了,伙伴们在娱乐过程中,还能够学习了解到更多的知识。

离开上海的路上,大家一致都说:"上海是一个超好玩的现代城市,下次一定还来。"

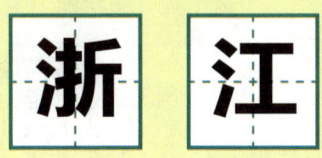

研之有旅 ●●●

诗词伴我行

饮湖上初晴后雨

宋·苏轼

水光潋滟晴方好,山色空蒙雨亦奇。
欲把西湖比西子,淡妆浓抹总相宜。

地域风情 ●●●

山水有情、精妙绝伦

导语:浙江省,简称"浙",省会是杭州市,地处中国东南沿海,长江三角洲南翼;东临东海,北与上海市、江苏省接壤,南接福建省,西与安徽省、江西省相连。浙江省最大的河流为钱塘江,因江流曲折,称之江,又称浙江。浙江是中国古代文明的发祥地之一。

旅游故事

侯小急最近在读一本叫作《白蛇传》的故事书,看着看着,他发现一个问题,便问笑嘻嘻:"你知道'断桥'在哪儿吗?"

"干吗问这个?"

"因为《白蛇传》里提到这个地方,在这里,许仙和白娘子第一次见面。"

"我当然知道啦!断桥在西湖边,是西湖十景之一。"

"我不明白,断桥不是桥断了吗?怎么还能走人呢?"侯小急挠着头,想不明白。

金豆豆凑过来说:"我知道西湖边的典故可多了,我老爸给我讲过,这里啊有一段非常有名的故事。"

"什么故事?"

"就是曹操当年追着刘备和诸葛亮跑,张飞大喝一声,这个桥就断了。"

"嗨!你说那个是《三国演义》,我说的是《白蛇传》。张飞怎么跑到这里了?不对不对。"侯小急摇摇头。

"那就是孙悟空保护唐僧去西天取经,来到这里,湖里的妖怪想吃唐僧肉,故意把桥砸断的。"金豆豆又添油加醋起来。

侯小急一拍桌子:"你说的是《西游记》,不懂别瞎说呀!"

"那我就不知道了,总不能是我咬断的吧!"

田心听了他们的争吵,赶紧说:"你们别吵啦!我们去西湖边看一看不就知道啦!"

笑嘻嘻问田心:"你也想去西湖呀?"

田心笑道:"是呀,西湖风景超美的,而且,我也想去看一看西湖十景都有哪些呢!"

"好的,那咱们就去杭州西湖。"笑嘻嘻立即决定。

于是,第二天,大家就来到了杭州。为了第一时间给侯小急找到答案,他们直接来到了西湖。

到了西湖边,首先看到了一大片的荷花。笑嘻嘻指着湖里的荷叶和荷花问大家:"你们看到这个场景,能想到的一首诗是什么?"

侯小急立即回答:"接天莲叶无穷碧,映日荷花别样红。"

"西湖真是美呀！"田心激动地说。

他们来到断桥，看到了桥根本没有断裂，好好的一座桥架在湖上，上面来往的游客络绎不绝。

笑嘻嘻解释道："西湖十景之一的断桥残雪，说的是冬天下雪的时候，雪把桥盖住，就像断了一样。"

"原来是视觉错觉啊！"侯小急恍然大悟，"可惜现在是春天，没看到雪盖住断桥的样子。"

笑嘻嘻说："没关系的，要说春天也超美的，我们现在就去苏堤，去参观下一个西湖十景——苏堤春晓。"

接着，大家沿着苏堤前行，一旁的堤岸上都是花红柳绿，简直美不胜收，看得田心都不想走了。

笑嘻嘻提醒说："后边还有其他西湖十景呀！"

"太好了太好了，快带我们去。"田心说。

"这样吧！我们来个西湖大探秘，来找一找这些西湖十景，看看谁先找到。"笑嘻嘻提议。

"好的好的，找东西我肯定最厉害。"侯小急立刻来了精神。

大家去湖边租了一辆四人骑乘的观光自行车，就开始了找寻西湖十景的活动。

结果，绕了西湖转了一圈，还真让他们找到了。

有春风依依的曲院风荷、安宁平静的平湖秋

月、灵动热闹的花港观鱼、鸟语花香的柳浪闻莺、邀月同游的三潭印月、神奇美妙的双峰插云、色彩丰富的雷峰夕照，还有音画同频的南屏晚钟。

这些景观各有特色，有的浪漫优雅，有的充满生机，有的庄严肃穆。每一个景点都能让大家感受到不同的情感和体验。

玩累了，会吃的金豆豆早就为大家安排好了美食行程。

"西湖最好的馆子，名字非常特别。"金豆豆如数家珍地介绍道，"它们分别是楼外楼、天外天、山外山。"

"楼外楼我知道。"侯小急又开始卖弄学问，"'山外青山楼外楼，西湖歌舞几时休'嘛！"

"侯小急，经过这段时间的旅游，你学到了不少知识呀！"

"那当然，我是个小天才哦！"

"那你说说后边两句写的啥？"

"这个……"侯小急不好意思了，"我就会这两句。"

金豆豆说:"后边两句我也不知道,但我知道的是,要想问题全答对,首先填饱你的胃。"

大家听了金豆豆的笑话,都感觉有点饿了。

金豆豆手一挥,请大家去吃饭。

首先在楼外楼吃了西湖醋鱼,接着又去山外山吃了东坡肉,最后去天外天吃了龙井虾仁。

吃饱了喝足了,伙伴们神清气爽地奔向浙江其他美丽的地方。

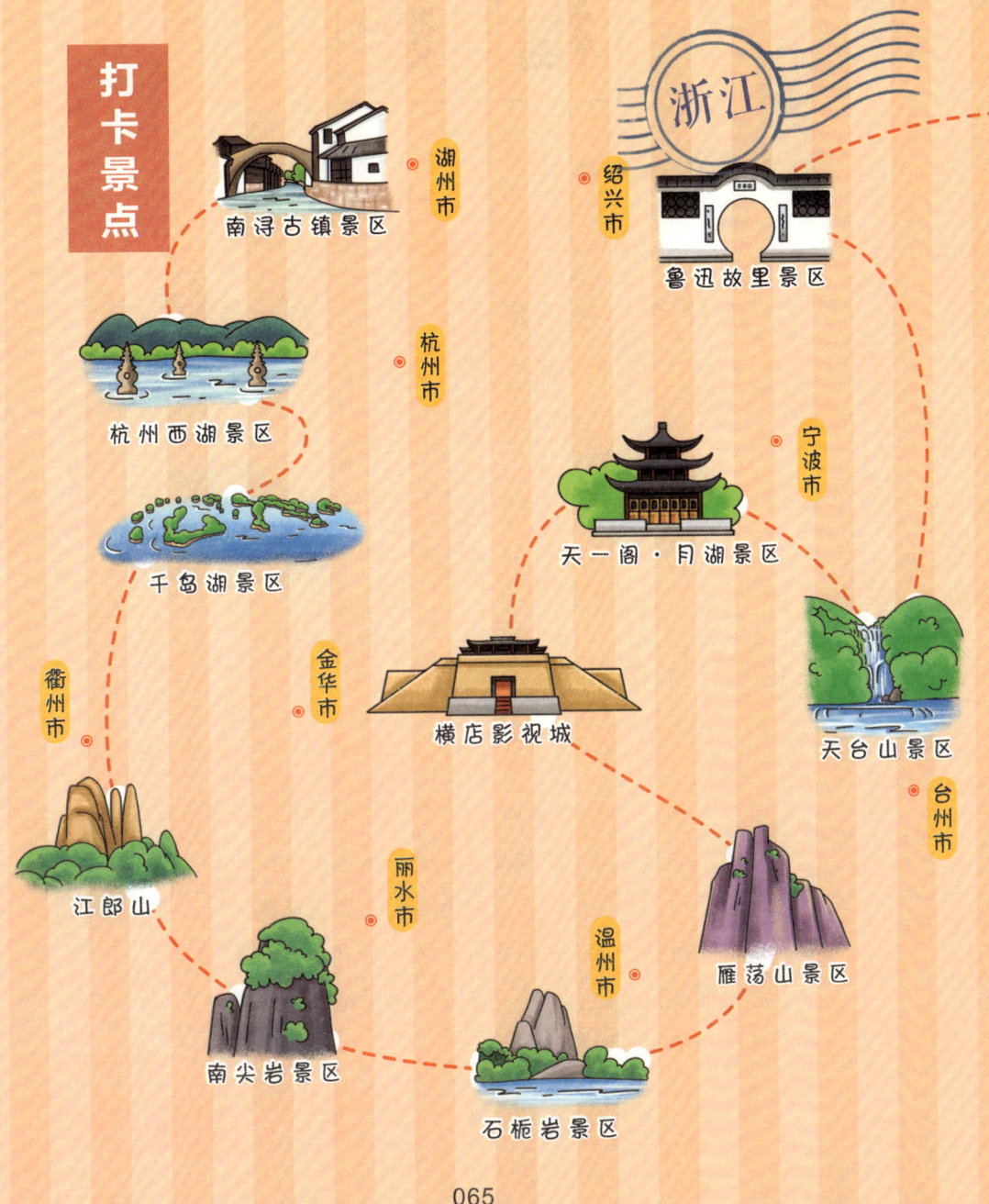

福建

研之有旅 ●●●

诗词伴我行

荔枝画,为福建佥宪张惟远题四首·其三

元·张昱

红尘一骑露华香,不管卢龙道路长。
谁信御前供玉食,不呈妃子不先尝。

地域风情 ●●●

山海画廊、人间福地

  导语:福建省,简称"闽",省会福州市,位于东海与南海的交通要冲,是历史上海上丝绸之路、郑和下西洋的起点,也是海上商贸集散地,中国对外通商最早的省份之一。福建拥有经济特区、自由贸易试验区、综合实验区、21世纪海上丝绸之路核心区等多区叠加优势。

旅游故事

笑嘻嘻带着开心旅游团又出发啦！这次他们去的是福建省。

福建的名胜古迹非常多，像南平武夷山、永定土楼、厦门鼓浪屿都非常有名。

开心旅游团畅游福建，就决定重点去这几个地方。

要说游览福建，别具特色的地方建筑——土楼，是最值得看的。

福建的土楼建筑有上万个，最有名的是永定土楼。

大家在外边远观，土楼的外墙用黄土夯成，高十多米。样子像个城堡。

"这个土楼怎么像火箭发射基地？"喜好军事的侯小急赞叹。

"是的，当年外国人也这么认为，还派间谍来侦察呢！"笑嘻嘻解释。

"后来呢？"

"后来发现，进不去。因为土楼的设计太厉害了，关上大门，就是一个封闭世界。"

这一说，勾起了大家的兴致，争先恐后去土楼内参观。

伙伴们先进入庚庆楼参观，它是一个圆形土楼，共有3层，1、2层没有开窗，楼顶砌着瓦片，中间是空的，叫天井。木制的楼梯连通上下层，每一层都有37个房

间，房间都是木结构，可以住下一整个家族。

土楼除了圆形，还有方形，锡庆楼就是方形土楼的代表。它有两个门，一层后厅还有祖堂。

"为什么把房子修成这样？"田心眨着好奇的大眼睛问。

"之所以这样设计，是为了防御土匪和野兽攻击。土楼里住的是客家人，他们原本是中原的汉人，因为躲避战乱来到这里，后来反客为主，成了这里的常住民。"笑嘻嘻解释。

"我们现在就是客人，我也要反客为主，把这里变成我家。"侯小急大言不惭地说。

"你留在这儿干啥？"田心问。

"访客喂猪，侯小急留在这儿喂猪好啦！"金豆豆说。

"金豆豆，你才喂猪呢！我把大门一关，就没人追着我写作业，没人管着我玩游戏啦！"侯小急叫道。

"你想得美。福建土楼在2008年被收入世界遗产名录，成为全世界的文化遗产啦！你别想独自占有。"大家一边数落侯小急一边走下楼。

"走，咱们去福建其他好玩的地方，让侯小急自己留在这里喂猪吧！"

"喂！等等我呀！没有你们，我一个人留在这儿还有什么意思？"侯小急赶紧追上队伍。

离了土楼，大家来到鼓浪屿。

鼓浪屿原名"圆沙州"，别名"圆州仔"，岛屿西南有一块两米多高带孔的礁石会在潮水中发出擂鼓的声音，人们称它为"鼓浪屿石"，鼓浪屿因此得名。

坐在游轮上看风景，整个鼓浪屿的景色尽收眼底。

金黄色的沙滩、高耸的日光岩、庄严的郑成功雕像……组成了美丽的海上花园。

一到鼓浪屿,大家就感受到了这里的安静闲适。走在岛上的小路上,看不到任何车辆,满眼都是椰树和竞相开放的美人蕉以及各种花卉。

当然,还有许多风格独特的别墅建筑物,让人像进入了世外桃源一样。

"哇,这里有许多钢琴呀!"田心叫道。

"钢琴有什么大惊小怪的。"侯小急不以为意。

等走进去一看,他也惊呆了,因为这里有座闻名中外的钢琴博物馆,博物馆里陈列着近百台全世界各时期的钢琴。

"我的天,这是钢琴开会啊!"侯小急赞叹。

"钢琴开会,共同讨论怎么能让侯小急闭嘴。"田心烦侯小急吵闹,生气地说,"你看金豆豆多好,很少多嘴。"

侯小急笑着说:"不是金豆豆不想说,因为他的嘴里始终在吃零食。"

"不能怪我,这里的麻糍、沙茶面和土笋冻实在是太好吃啦!"金豆豆解释。

大家真的特别佩服金豆豆,别人在游览的时候,他总能顺藤摸瓜找到各种好吃的。

最后,大家来到福建名山——武夷山。

早上,大家去登天游峰。浓雾锁住山腰,景色一片迷茫,像仙女舞动着柔长

的腰带。抬头向上望,那耸立的岩石,高高地悬在头顶上,好像南天门一样。

侯小急对着"南天门"喊了一句:"我侯小急来啦!"

没想到,片刻,对面就传来了回声:"我侯小急来啦!"

嘿嘿,山谷好像一个调皮的孩子,总是重复侯小急的话。

在山上放眼远眺,福建美丽的景色,像一幅色彩丰富的山水画。

福建是一个幸福的福建,美丽的福建,也是人们爱去旅游的福建。

就这样,福建之旅在开心的气氛中结束啦!

广 东

研之有旅

诗词伴我行

惠州一绝

宋·苏轼

罗浮山下四时春，
卢橘杨梅次第新。
日啖荔枝三百颗，
不辞长作岭南人。

地域风情

岭南长卷，粤韵千年

导语：广东省，简称"粤"，省会是广州市。因在古地名广信之东，故名"广东"。这里位于南岭以南，南海之滨。广东是中国的南大门，处在南海航运枢纽位置上，生产总值连续三十多年居全国省级第一位，是中国第一经济大省，经济总量占全国的八分之一。

旅游故事

"日啖荔枝三百颗,不辞长作岭南人。"侯小急在念诗,旁边的金豆豆则在流口水。

可侯小急却忘记上两句了,他转过头问:"金豆豆,上两句是啥来着?"

"荔枝荔枝我想吃,馋得口水流满桌。"田心打趣儿。

"我现在满脑子都是荔枝,别问我问题。"金豆豆吧唧嘴说。

"罗浮山下四时春,卢橘杨梅次第新。"笑嘻嘻提醒侯小急。

她这一说,金豆豆的口水更止不住了:"提到荔枝我已经忍不住了,你还提卢橘和杨梅。"

"光馋是不行的,咱们可以去吃呀!"笑嘻嘻提议,"这个假期,我们就去畅游广东,一边玩一边吃,怎么样。"

她说完,三个小伙伴全都举双手赞成。

他们畅游广东的第一站,就来到岭南四大名山之一的罗浮山。

因为罗浮山在诗词里太有名了,是金豆豆一听就流口水的山。

为了防止这家伙一路上口水止不住地流,大家决定先让他吃饱再玩儿。

罗浮山坐落在广东惠州,这里不仅有好吃的荔枝,还有风景优美的惠州西湖、惠东平海镇的古城和惠来神泉。

大家一边游玩一边寻找苏轼写诗的地方,金豆豆则不然,一边游玩一边吃。

也可以说,他根本没有工夫玩儿,在整个路上,嘴就没闲着。

"298、299、300……"侯小急数着金豆豆吃的荔枝数量。

"三百颗荔枝吃完,耶,我现在就是岭南人啦!(此为夸张,现实不能这么吃荔枝。)"金豆豆举起双手,就像自己得了吃荔枝比赛冠军。

"金豆豆,你不撑得慌吗?"

"没事儿,我还要挑战300个杨梅、芒果、香蕉……"

"你的胃是不是像大海那么大啊!"大家惊呼。

吃完荔枝,大家坐缆车游览罗浮山。只见满山的丛林,郁郁葱葱,山上的清雾,缥缥缈缈。真有只在此山中,云深不知处的感觉。

游览完罗浮山,接下来大家开始逛广州城。在这里,大家去了广东省博物馆、香江野生动物园和长隆水上乐园。

不过最难忘的就是广州小吃,街边上,许许多多的铺子一个挨一个。每一种风味,金豆豆都要尝一尝,他还给这些美食做了排名:

叉烧、烤乳猪、糯米鸡,味道必须数第一;云吞面、煲仔饭、双皮奶,吃了一碗接一碗;虾饺、乳鸽、炒河粉,忍不住要买第二份;白切鸡、肠粉、叉烧包,每一种都非常好吃。

吃饱喝足,大家要多运动。

来广州怎么能不登白云山呢，这座山也是南粤名山之一，自古就有"羊城第一秀"之称。

白云山最好看的是桃花涧，桃花涧里面种满桃树。

站在桃树下，田心尽情地呼吸着桃花的香味，因为她最喜欢花。这些桃花，远观气势磅礴，如海如潮；近赏俏丽妩媚，像一个个仙女。

侯小急突然提议，大家在这里仿效刘关张，来个桃园四结义。

还有模有样地说："不求同年同月同日生，但求同年同月同日一起玩儿。"

结果，他一抬头，发现大家都去看别的景点，根本没理他。

看完桃花涧，伙伴们来到了能仁寺。能仁寺是著名佛寺，院内有许多庙宇。

从能仁寺出来，大家坐观光车去到了摩星岭。摩星岭是白云山最高峰，向下远眺，繁华的广州城尽收眼底。

在广东，肇庆的七星岩是一定要去的。这里以峰林、溶洞、湖泊、石刻、庙宇为特色，被誉为"人间仙境""岭南第一奇观"。

肇庆的七星岩，是七座美丽的山，这七座山围绕着美丽的湖，湖边还有许多摩崖石刻和溶洞。

肇庆还有许多特色美食，金豆豆吃完意犹未尽，顺带着编了一句歌谣来记录：大肉裹蒸粽味道佳，好吃莫过茶油鸡，过口难忘竹篙粉，总吃不够德庆酥。

走遍了广东，也吃遍了广东，大家心满意足地回家啦！

广西

研之有旅

诗词伴我行

四愁诗（节选）

汉·张衡

我所思兮在桂林。
欲往从之湘水深，侧身南望涕沾襟。
美人赠我琴琅玕，何以报之双玉盘。
路远莫致倚惆怅，何为怀忧心烦伤。

地域风情

桂在山水，秀甲天下

导语：广西壮族自治区，简称"桂"，首府为南宁市。广西是个多民族聚居的自治区，少数民族人口数量居全国第一位，至2024年占全区常住人口的37.6%。广西是海上丝绸之路的重要枢纽，是中国对外开放、走向东盟、走向世界的重要门户和前沿，被誉为中国东部地带西南边最便捷的出海口。

旅游故事

提到广西,大家一定会想到桂林。

所以这次开心旅游团去广西游览的第一站,就选在了桂林。

"桂林我知道,最有名的就是漓江和象鼻山啦!"侯小急又开始了他的小广播。

"象鼻山,真的是一头大象变的吗?"金豆豆问。

"那当然。"侯小急开始讲起了故事,"话说玉皇大帝的坐骑是一头硕大无比的神象。有一天,玉皇大帝从天上来到桂林游玩。神象发现这里风景如画,人民热情,便流连于青山秀水的环境中不愿离去。玉皇大帝要回去时,神象因为过度伤心,染上了疾病,玉皇大帝就丢下神象自己回宫。经过当地人民的帮助,神象的病不久便治好。为了答谢人们,神象便帮大家种田犁地。不久,玉皇大帝听说神象身体已好,就召唤它回去复命。但神象已经深深地爱上桂林山水,抗命不从。玉皇大帝很生气,派托塔李天王带领天兵天将前来捉拿。神象和天兵天将打了三天三夜,不分胜负。第四天,神象去漓江边饮水,被李天王偷袭,一剑刺进了头顶。神象便化作了象鼻山,屹立在了漓江边上,日夜守护着桂林山水和漓江两岸的人民。久而久之,象鼻山就成了桂林的标志。"

"哇塞,神象真是太棒啦!我要去看它,给它喂吃的。"金豆豆叫道。

伙伴们很快来到象鼻山,高大的象鼻山果然如传说中一样立在漓江边,长长的鼻子仿佛在饮碧绿的江水。

金豆豆立即买了一碗桂林米粉，就向前冲去。

"你要干吗？"

"我要把米粉给神象吃，它吃饱了也许就复活啦！"金豆豆喊道。

"那是神话传说啦！又不是真的。再说你把米粉倒在江里，破坏环境呀！"

"真可惜！神象啊神象，看来这碗美味的米粉只有我帮你吃了。"金豆豆对着神象说。

吃完这碗，他又买了一碗，接着吃起来。

"金豆豆，你怎么还吃？"

"刚才那一碗是替神象吃的，这一碗是我吃的。"金豆豆说。

"好吧金豆豆，你这就是想吃第二碗，给自己找借口。"

"谁说我要吃第二碗，我还要吃第三碗。"

"……"

不过话说回来，桂林的米粉是真的美味，大家吃完都还想吃呢。

笑嘻嘻说："桂林山水甲天下，阳朔山水甲桂林！"下一站，大家去阳朔。

这一路上，山一座挨着一座，多平地拔起、千姿百态而蜿蜒回环，明洁如镜的水就在山下，映照着山的美丽。

在阳朔玩了整整一天，大家坐了竹筏畅游了漓江，顺带看了鱼鹰捉鱼表演，

就直奔下一站——龙脊梯田。

龙脊梯田位于广西龙胜各族自治县龙脊镇,在这里有一座龙脊山,生活着世世代代在梯田里种植着水稻的壮族人民。

大家走在半山腰,天空突然下起了毛毛细雨,从山的这头看另一头,云雾缭绕,烟雨朦胧,似乎要把一户户人家的房子托在天上。

山上时不时能看到山泉源源不断地流出,灌溉着一片片梯田,这些梯田仿佛天梯一样,层层叠叠通往天宫。如此美丽壮观,真不愧有"梯田世界之冠"的美誉。

龙脊的壮族服饰独特,人民与世无争,除了有美丽的梯田还有最正宗的竹筒饭、竹筒鸡。

大家美美地吃过午饭,依依不舍地离开了美丽的梯田。

"桂林山奇水秀美如画,让人留恋让人夸。"回程路上,侯小急由衷地说。

金豆豆笑他:"你要是留在这里,你老爸老妈会像天兵天将一样捉你回去的。"

"到时候你拒不回去,漓江边又多了一个景点。"
"什么景点?"
"神猴山。"
听到这里,大家都笑了。

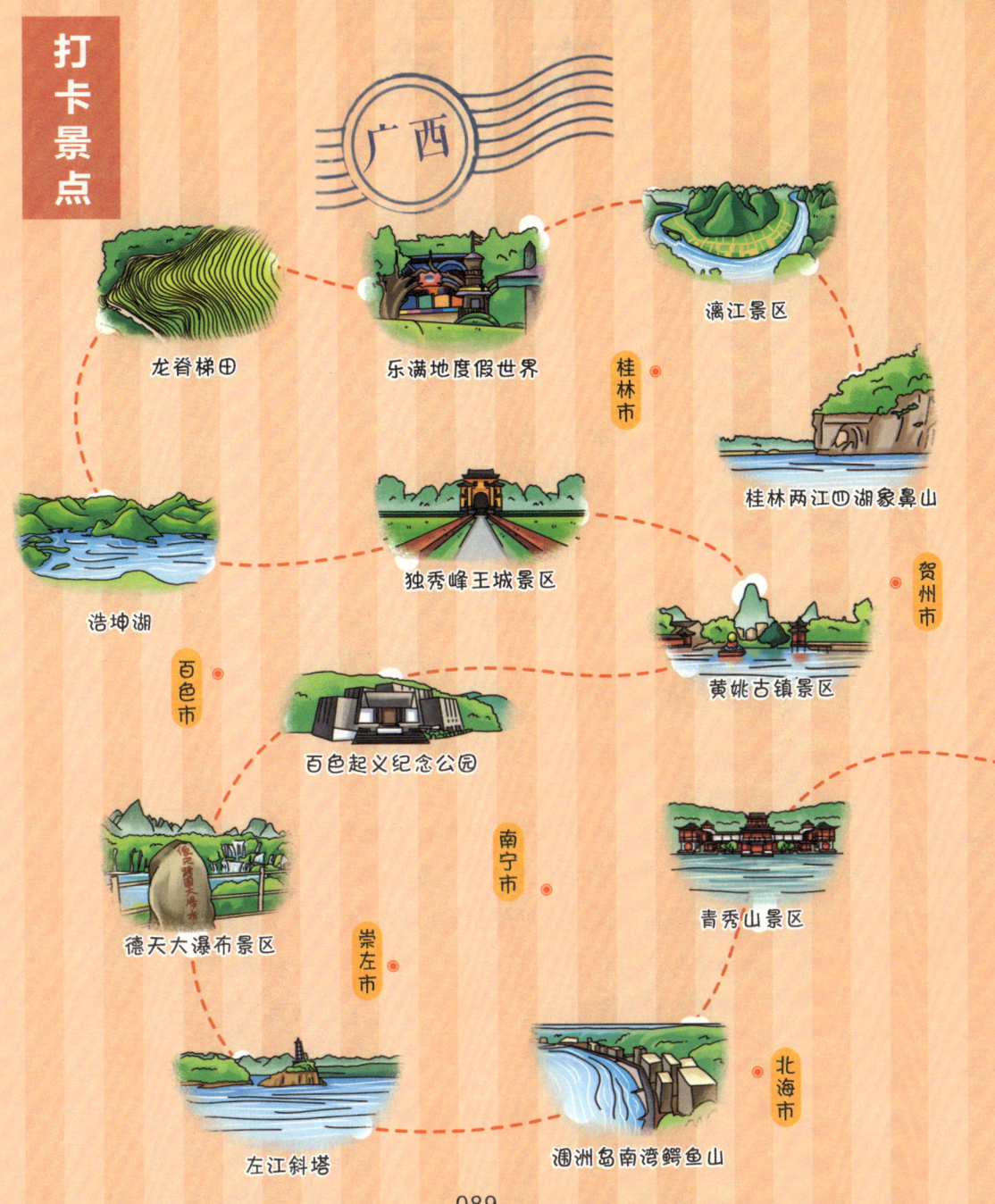

研之有旅 ●●●

诗词伴我行

别海南黎民表

宋·苏轼

我本海南民，寄生西蜀州。
忽然跨海去，譬如事远游。
平生生死梦，三者无劣优。
知君不再见，欲去且少留。

地域风情 ●●●

南海瑰宝，经济特区

导语：海南省简称"琼"，省会是海口市。这里是中国的经济特区、自由贸易省试验区。这里地处中国华南地区，北以琼州海峡与广东划界，西临北部湾与广西壮族自治区相对，东濒南海与祖国宝岛台湾对望，东南部与菲律宾、文莱、马来西亚等国为邻。海南是我国第二大岛。

旅游故事

"开心旅游团,快乐享不完。出发,这次我们去海南。"

作为开心小队的队长,笑嘻嘻开心地带领着侯小急、金豆豆、田心又一次出发啦!

第一站是海南三亚,下了飞机,大家乘坐大巴去宾馆。

这一路上,路旁满眼都是热带树木,有香蕉树,有椰子树、杧果树等。

金豆豆看着树上的果实,口水就止不住地流下来啦!一边流一边说:"好想吃呀!可惜车不停下。"

笑嘻嘻说:"金豆豆这个状态,真是口水三千丈,缘愁似个长啊!"

侯小急这个打油诗之王也来劲了,跟着说:"口水三千丈,淹满一车厢。"

说完还意犹未尽,继续调侃金豆豆:"口水三千丈,比黄河还长。"

田心赶紧做了个停止的手势说:"快别说啦!再说我们都泡在金豆豆的口水里啦!"

嬉嬉闹闹中,大家来到了住处。这次,大家住的宾馆坐落在海边。把旅行包放好后,伙伴们便迫不及待地奔向大海的怀抱。

雪白柔软的沙子摩擦着伙伴们的脚,碧蓝清澈的海水和蓝天相接,海浪有韵律地拍打着沙滩,简直太舒服了。

侯小急在沙滩上奔跑,留下一串串脚印。

"看,我在沙滩上涂鸦。"侯小急开心地喊道。

"啥涂鸦?你那是脚丫,到处乱涂乱画。"金豆豆打趣。

"我不乱写乱画,我要在这里留下我的名字,让后来的人都知道我来过。"侯小急说完就开始在沙滩上写"天才侯小急到此一游"。

"侯小急,你竟然用脚丫子写,你的名字会臭的。"大家打趣儿。

侯小急不管,在沙滩上认真地写。

刚写完，海浪冲上沙滩，侯小急的字就没了。

笑嘻嘻和田心笑着说："侯小急到处涂抹臭脚丫，抵不过海浪这橡皮擦。"

金豆豆不爱玩涂鸦，他喜欢挖沙坑，田心和笑嘻嘻就在旁边堆沙堡。

田心说："大海边可真好玩儿啊！"

笑嘻嘻说："你这么喜欢大海，明天我们去更大的海湾玩儿。"

第二天，笑嘻嘻带着大家来到亚龙湾。

站在亚龙湾的海滩上眺望大海，看着海中绿油油的小岛，风景真是美极了！

海滩的周围都是美丽而粗壮的椰子树，椰子树上还挂着许多椰子。

这下金豆豆可忍不住了，他要去摘椰子。

他和侯小急站在椰子树下，试了好几次都爬不上去。

正在他们垂头丧气的时候，笑嘻嘻拿着四杯椰子做的饮料走过来说："我请你们喝椰汁吧！椰树那么高，可不是谁都能爬上去的。"

"太好啦！"大家欢呼起来，一边喝椰汁一边尽情享受着海边美丽的美景。

笑嘻嘻和田心舒服地躺在椅子上晒太阳。侯小急和金豆豆则换上了泳装,跳进大海畅游。

蔚蓝的海水清澈极了,天空有海鸥在飞,海底中有各种贝壳小鱼。

这里真是太好玩了。

接下来,大家来到了猴岛。

猴岛的高空缆车,据说是亚洲最长缆车,坐在上面,就听见猴子的叫声。

跑出缆车站,看见到处都是猴子,在房顶上、屋檐上不停地跳着、跑着。

猴岛的杂技表演很好看,猴子们会做各种滑稽动作,可把侯小急笑坏了,他说:"这些猴子咋这么搞笑呢!差点儿笑破了肚皮。"

笑嘻嘻说:"这回,你知道我们平时为啥看见你就笑了吧!你比猴子还能闹腾。"

金豆豆说:"他是孙悟空的传人嘛!"

侯小急不服气:"错,我是齐天大圣。"

田心笑着说:"你是齐天大猴还差不多。"

下一站,开心旅游团来到了著名的天涯海角。这里的沙滩有很多石头,圆圆的,上面还刻着字。有两块大石头最有名,一块刻着"天涯",另一块刻着"海角"。

侯小急说:"这里是天的边缘,海的尽头。"

笑嘻嘻说:"侯小急站在这里,打一句俗语。"

金豆豆挠挠头:"是啥啊?"

田心说:"我猜是远在天边近在眼前。"

"答对啦!"笑嘻嘻公布答案,然后提醒侯小急,"绿色旅游,你可千万别在石头上刻侯小急到此一游哈!"

后来,伙伴们乘了快艇,来到海上。快艇劈波斩浪,行驶得飞快。刚开始,金豆豆非常紧张,害怕被甩出去,可过了一会儿就不怕了。

海南岛到处都是椰林,每当大家口渴时,就买杯椰子果汁来喝,真是爽啊!

这次海南游显然把侯小急晒黑了。

金豆豆说:"你都晒成黑猴子了。"
侯小急也说金豆豆:"你都成了'脆皮烤乳猪'。"
笑嘻嘻和田心说:"你们虽然晒丑了,但是我们更爱美丽的海南了。"
海南岛,再见。

中部地带篇

ZHONGBU DIDAI PIAN

黑 龙 江

研之有旅

诗词伴我行

塞下曲

明·程启充

黑龙江上水云腥,女真连兵下大宁。
五国城头秋月白,至今哀怨海东青。

地域风情

山土黝黑亮,冰城闪金光

导语:黑龙江省简称"黑",省会是哈尔滨市,面积47.3万平方千米,居全国第6位。黑龙江省在自然地理环境中地处中国东北部,有中国地理位置上最北的城市,是真正的冰雪世界。

旅游故事

笑嘻嘻和侯小急爱玩儿地理知识小问答游戏，侯小急问："你知道中国最北的地方……"

笑嘻嘻回答："当然知道，是黑龙江漠河。"

侯小急点头称赞："不赖嘛！这都知道。不过你的答案错误。因为，我问的是，中国最北的地方……的温度是多少？"

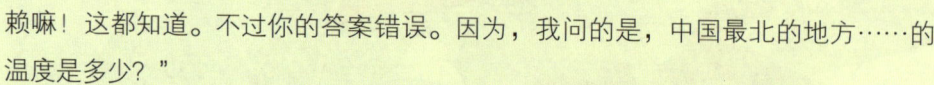

笑嘻嘻一跺脚："你这个坏人，说话大喘气，最北的地方肯定很冷，温度很低嘛！"

侯小急坏笑着说："谁让你没听清，反正就是没答对。"

笑嘻嘻一边追侯小急一边喊："那你说说温度是多少？"

侯小急连忙喊："废话，黑龙江很冷，肯定是零下呗。"

笑嘻嘻反驳他："夏天也有零下吗？你糊弄我的。"

他们跑着跑着就撞到了金豆豆，侯小急的小身板仿佛撞到了一堵墙，金豆豆的肚子仿佛一个弹簧床，一下子就把侯小急弹开了。

金豆豆笑着说："你们争啥，我们去一趟不就知道了。"

就这样，开心旅游团决定去一趟黑龙江，实际考察一下。

他们乘坐飞机，首先来到了

漠河，在这里有一个非常特别的地方，叫作北极村。

真不愧是中国最北的地方啊！不来不知道，一来真奇妙。这里啊，不仅能看到冰雪的奇观，还能看到北极光。

侯小急为了拉大家陪他去看北极光，半夜吵得大家睡不着觉。结果真的等到了北极光，这家伙却睡着了。最后啊，大家赏了他一顿挠胳肢窝，把他唤醒。

瞬间，侯小急就被神奇美丽的极光给吸引了，他拍了好多照片。

北极村真是好玩儿，伙伴们在这里体验到了接近极地的环境，获得了非比寻常的体验。

接下来，笑嘻嘻提出要去美丽的雪乡，因为她想体验在雪乡生活的感受。

雪乡是雪的世界，这里不仅有东北特有的木房子、大壁炉和土炕，还可以坐雪爬犁呢。

他们坐着雪爬犁尽情在白雪皑皑的世界里游览。

从雪乡出来，他们还去了五大连池、太阳岛等美丽的地方。

北国的旅行畅快而开心，可是金豆豆却有点闷闷不乐。

笑嘻嘻问："金豆豆，你怎么不开心啊？"

金豆豆说："不是我不开心，是我身上的某个地方不开心。"

侯小急笑着说："金豆豆，我太了解你了，你肯定是肚子不开心。"

田心问："怎么是肚子不开心呢？难道金豆豆是肚子生病了？"

侯小急点头笑道："对，肚子生了一种常见病。那就是……'吃货病'。"

金豆豆说："还是侯小急了解我，走了这么多地方，我还没吃到黑龙江的美食呢！我肚子就不开心了。"

笑嘻嘻说："那我们去哈尔滨吃红肠，吃东北名菜小鸡炖蘑菇，吃……哎呀！我们还是去了再说吧！因为我也饿了。"

于是，他们来到哈尔滨的中央大街，一边玩儿一边吃。

金豆豆来到红肠店的门口,每个口味都尝了一个。

然后,笑嘻嘻带大家去吃小鸡炖蘑菇,当热气腾腾的东北菜一上桌,大家都等不及下筷子了。

最厉害的是侯小急,他点了一份酸菜炖排骨,竟然上了一大锅。

好吧!大家围坐在大锅前,一起吃热气腾腾的东北菜,瞬间把寒冷都驱赶走啦!

"哎呀!北方的感觉真是不一样啊!"笑嘻嘻感叹。

田心说:"让你用一个字概括这里,你怎么说?"

侯小急率先抢答:"冷!"

金豆豆抹抹嘴说:"香。"

大家问:"黑龙江很香吗?"

"是红肠香啦!"

"好吧!"

"笑嘻嘻,你觉得是什么字?"

"是……雪。因为这里是雪的世界啊!"

"田心,问我们了半天,你觉得是什么字?"

"是冰!"田心笑着说。

大家说的都没错,因为这里是冰雪的世界嘛!

就这样,大家在黑龙江玩了一周,尽情感受了北方冰雪世界的美,这才恋恋不舍地回家了。

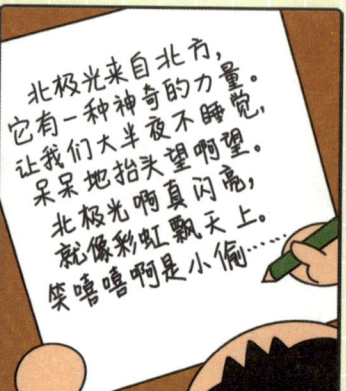

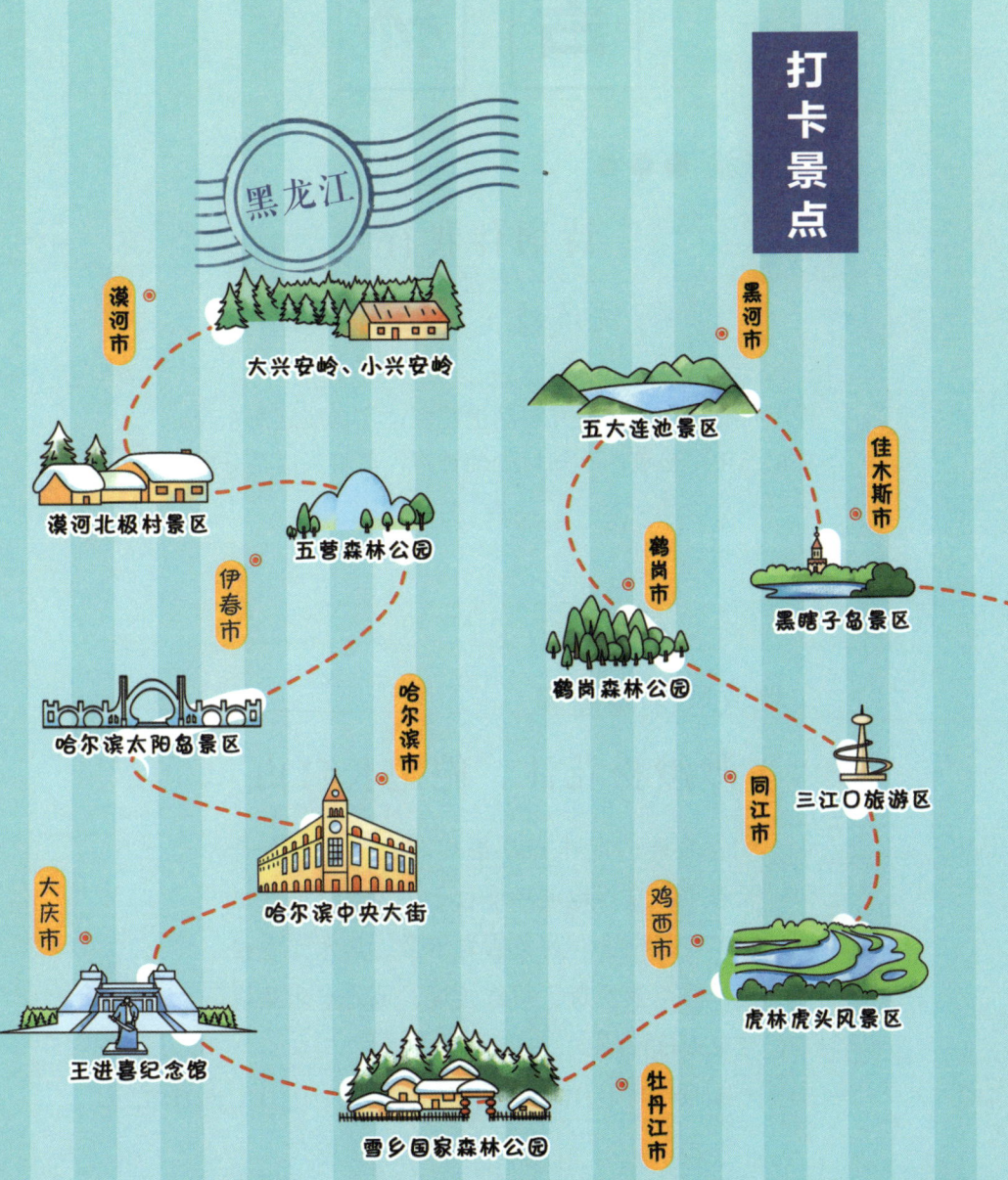

吉 林

研之有旅 ●●●

诗词伴我行

浣溪沙·小兀喇

清·纳兰性德

桦屋鱼衣柳作城,蛟龙鳞动浪花腥,飞扬应逐海东青。犹记当年军垒迹,不知何处梵钟声,莫将兴废话分明。

地域风情 ●●●

渺渺松花江,皑皑长白山

导语：吉林省,简称"吉",省会是长春市,自然地理环境位于中国东北地区中部,与辽宁省、内蒙古自治区、黑龙江省相连,并与俄罗斯、朝鲜接壤,地处东北亚地理中心位置。

旅游故事

又到了笑嘻嘻游遍中国的时间了,最积极的要数侯小急,他追着笑嘻嘻问:"我们这次去哪儿?"

笑嘻嘻没回答,先问了大家一个问题:"你们知道中国最深的湖是哪个湖吗?"

金豆豆想了想回答:"我猜是洞庭湖。"

"不对。"

侯小急赶紧抢答:"是鄱阳湖?"

"也不对。"

侯小急挠挠头:"提示一下呗。"

笑嘻嘻提醒:"它的位置是在东北哦!"

金豆豆恍然大悟,回答道:"一定是查干湖。"

侯小急问:"为什么?"

金豆豆流着口水回答:"因为查干湖的鱼特别有名,每年冬天啊,查干湖都有

大型捕鱼活动,出产上万斤的大鱼呢,这些鱼可以煮、可以蒸,还能火锅和乱炖,哎呀呀,可香了。"说完,口水三千丈,一直流不停。

田心笑着说:"别人去旅游,风景看不够。金豆豆去旅游啊……纯粹为了吃。"

侯小急附和:"我们是游遍中国,他是吃遍中国。"

金豆豆腼腆说道:"术业有专攻嘛!我不介意把你们的那一份也吃掉。"

田心说:"不过,笑嘻嘻问的是湖,不是鱼。我猜是青海湖。"

笑嘻嘻摇摇头:"你们都说错啦!答案是长白山天池。"

田心立刻会意:"如果我猜的没错,我们这次去的就是天池啦!"

笑嘻嘻点点头,给田心点了个赞。

侯小急跳起来:"哇!我看电视上说,长白山天池的风景超美的,而且湖里还有远古小怪兽呢,我们赶紧去吧!"

这时候金豆豆心不在焉地说了句:"怎么不是查干湖呢?查干湖的鱼好吃全国有名呢!"

笑嘻嘻拍拍他肩膀说:"这次我们去的是吉林省,告诉你,查干湖也在吉林。咱们啊,可以先去天池,然后再去查干湖。"

金豆豆大喜,叫道:"哇塞,太棒啦!我太爱查干湖了。"

笑嘻嘻提醒:"是太爱查干湖的鱼吧!"

"哈哈哈哈……"

大家听了这句,都乐了。

准备停当,大家向吉林省出发。

吉林地处东北平原的中部,土地肥沃,风景优美。

一行人先去了长白山,这里有美丽的天池,天池海拔2000多米,是世界上最高的火山湖。

侯小急在这里拍了好多照片,天池最吸引他的是水怪传说。这家伙还希望能在自己的照片里找到一些水怪的蛛丝马迹呢!

下了长白山,大家还去了六鼎山和净月潭。

这两个地方风景优美,让人流连忘返。

接着,大家来到了吉林省会——长春。在长春,他们游览了长影世纪城和伪满皇宫博物院。这两个地方可以看到许许多多吉林以及东北的人文和历史,让小朋友们长了不少见识。

说起历史,喜欢历史的笑嘻嘻还给大家介绍了"高句丽文物古迹"。这里可是吉林非常有代表性的历史文化遗产哦!

游览了这些,金豆豆忍不住问笑嘻嘻:"答应我的事情,什么时候办啊?"

笑嘻嘻看着金豆豆摸着肚皮,就知道他嘴馋了,查干湖的大鱼赶紧安排上。

一行人迅速飞奔到查干湖,这里正在进行一年一度的冬季捕鱼大型活动呢。

今年的头鱼可真大,有将近40斤呢!

金豆豆选了一条大鱼,请大厨做正宗东北菜——铁锅饼子炖大鱼。

大家围坐在东北特色的土炕上,一边聊着吉林的美景美食,一边乐陶陶地开吃。

侯小急边吃边又诗兴大发,给大家念诗:"好鱼知时节……"

田心笑着说:"那是'好雨知时节'好吧!"

侯小急摆摆手说:"你接着往下听啊!好鱼知时节,今天乃发生。炖了一大

锅,金豆豆吃不停。"

"哈哈,"大家一边笑一边说,"侯小急这个打油诗,还挺形象。不过这么好吃,就连我们也吃不停呀!"

就这样,吉林之旅就在一顿热气腾腾的大餐中结束啦!

内蒙古

研之有旅 ●●●

诗词伴我行

敕勒歌

南北朝·乐府民歌

敕勒川，阴山下。
天似穹庐，笼盖四野。
天苍苍，野茫茫，风吹草低见牛羊。

地域风情 ●●●

茫茫草原，牛羊成群

导语：内蒙古自治区，简称"内蒙古"，首府呼和浩特市。内蒙古自然地理环境地处中国北部，地势由东北向西南斜伸，呈狭长形，气候以温带大陆性气候为主，总面积118.3万平方千米。这里拥有我国最优质的草场和广阔的大草原。

旅游故事

"天苍苍,野茫茫,风吹草低见牛羊。"

侯小急正在背诗,他拿着书,头上打起一个大大的问号。

"怎么了侯小急?你没背错啊!"笑嘻嘻问。

"我只是不明白,难道草比牛羊还高吗?为什么风把草吹倒,才能看到牛和羊。"

"这个呢?"笑嘻嘻也有点疑惑,不过,她立刻有了主意。

于是,她对侯小急说:"嗨!百闻不如一见,我们去看看实际情况不就行了。这首诗写于南北朝,说的是北方草原的情景,我们去内蒙古自治区,实地考察一番。"

侯小急立刻点头,表示赞同。

田心听说去旅游,蹦起来叫道:"好哎!好哎!去草原喽!我可想看一下草原上的人骑马牧羊啦!而且,我超想骑马。"

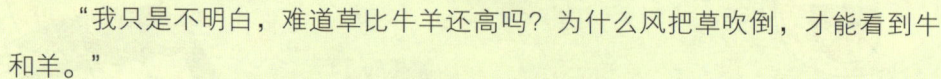

金豆豆也蹦起来说:"好哎!好哎!我最喜欢去草原喽!"

"你想骑马?"田心问。

"NO!"

"那你这么兴奋?"

"那里有羊啊！"

"哦！你准备骑羊？"

"不，他是准备吃羊。"侯小急补充。

"原来想吃烤羊肉串啊！"田心笑了。

"我就这么没有追求吗？"金豆豆很不忿。

"你看看，我就知道金豆豆绝对没有这么低级趣味，小羊多可爱，他怎么忍心吃掉呢。"笑嘻嘻说。

"是不是啊，金豆豆？"

"哪里，我是想吃烤全羊。"

好吧，大家还是高估了金豆豆。

原来金豆豆最挂念的依然是好吃的，大家都想赶快去草原看一看。

很快，他们先来到了草原的第一站，那就是一望无际的呼伦贝尔大草原。

他们住的蒙古包是一户牧民的家，牧民友人亲切地请他们喝了奶茶和吃了牛肉干。当然，金豆豆终于如愿以偿吃到了烤全羊。

吃完羊肉，牧民带大家骑上了骏马，奔驰在一望无际的大草原上。

侯小急学会了骑马，就和大家骑着马在草原上跑。

骑着骑着，他发现了一个问题。

"草原上的草也没那么高呀？"侯小急发出了疑问。

"要是太高，马根本跑不动。"金豆豆分析。

"那古诗还说草低才能见

到牛羊呢，明显写得不对。"

金豆豆一时也无法回答这个问题，他们继续寻找古诗中描述的场景。

刚学会骑马，侯小急和金豆豆都特别兴奋，上马的时候，侯小急动作过大，裤子不小心被扯开了，一下子变成了开裆裤。

侯小急不好意思，下马休息的时候，只好趴在草丛里，让草帮忙遮挡一下露出的屁股。

金豆豆也躺下，他不是裤子扯开了，而是太累了。

就这样，他俩躺在软软的草地上竟然睡着了。一会儿，他们被一阵"咩咩"和"哞哞"的叫声惊醒。

金豆豆翻了个身，突然像发现新大陆似的说："侯小急，看我发现了什么？"

"什么？"

"牛和羊。"金豆豆拨开草丛指给侯小急看。

"原来风吹草低见牛羊需要躺着看呀！"两个人恍然大悟。

笑嘻嘻说道："风吹草低见牛羊，这是形容水草丰美的意思，不是躺着看呀！"

金豆豆和侯小急不听，他们还是固执地认为自己的意思对。

接下来，大家去了阿尔山国家森林公园，看了火山。又去了额济纳旗，看了美丽的胡杨林。

这两个地方的面积都非常大，他们一连走了好几天，才走完。

看完了火山和胡杨林，笑嘻嘻带着大家去了腾格里沙漠。这里是中国的四大沙漠之一，神奇的是，腾格里沙漠竟然分布着上百个大大小小的湖泊。

除了沙漠，他们还去了满洲里，这里最有看头的就是套娃广场，套娃广场设计得特别魔幻，除了大大小小的套娃和欧式建筑，还有一些童话故事里的元素。而且，各种建筑设施全是套娃元素，仿佛是套娃王国。

美丽的内蒙古自治区，土地辽阔，风景如画，给笑嘻嘻和伙伴们留下了深深的印象。

大家拍了许许多多美丽的照片，才恋恋不舍地结束了这次的草原之旅。

在回来的车上，笑嘻嘻问大家："这趟草原之旅怎么样啊？"

金豆豆突然诗兴大发，开心地说道："天苍苍野茫茫，金豆豆爱烤全羊。"

侯小急也诗兴大发，自顾自地说："天苍苍野茫茫，侯小急喜欢帐篷房！"

笑嘻嘻和田心笑道："天苍苍野茫茫，草原之旅真是棒！"

山 西

研之有旅 ●●●

诗词伴我行

登鹳雀楼

唐·王之涣

白日依山尽,黄河入海流。
欲穷千里目,更上一层楼。

地域风情 ●●●

"晋善晋美",和谐山西

导语:山西省,简称"晋",省会是太原市,自然地理位置位于中国华北地区,东与河北省为邻,西与陕西省相望,南与河南省接壤,北与内蒙古自治区毗连,总面积15.67万平方千米,至2024年常住人口3400多万。

旅游故事

今天笑嘻嘻问了大家一个问题:"你们的旅游目的都是什么呢?"

侯小急说:"我喜欢看风景,我要走遍和看遍美丽的地方。"

田心说:"我喜欢地理,喜欢去不同地方,看不同山川地貌、自然环境。"

金豆豆说:"我喜欢吃美食,我要尝遍各地的特色美食。"

大家说完,问笑嘻嘻:"你呢?"

笑嘻嘻说:"我喜欢历史,我希望去看不同的历史故事和风土人情。"

看来大家喜欢的地方都不一样啊!不过,这些都是旅游的魅力,可以让大家从不同的角度学到知识,增长见识。

这一次,开心旅游团准备前往有着悠久历史和众多名胜古迹的山西,走一走看一看。

笑嘻嘻告诉大家:"第一站,咱们先去五台山。"

侯小急跳着说:"哇塞,难道他们知道我是街舞之王,邀请我去演出吗?"

"演出?"笑嘻嘻听后,忍不住笑了。

"对啊!不是'舞台山'吗?"

"什么呀!那是一二三四五的"五",不是跳舞的"舞"。五台山啊,是中国佛教四大名山之一呢。"

"原来是这样,我还以为这是为我精心准备的舞台呢。"

"侯小急你不要自恋啦!再说,你跳的那个是广场舞,也不是什么街舞啊!"田心提醒侯小急。

"大街上跳的舞,都属于街舞。"侯小急不服气起来。

伙伴们就在这样的嬉嬉闹闹中登上了闻名遐迩的五台山,看了许多风景。

游览的过程中,收获最大的是侯小急,他一边走一边学,把五台山上的历史遗迹看了个遍。

这下,原先什么也不知道的侯小急,彻底成了"五台山小词典"。

下了五台山,他们来到平遥古城。

"这里古时候是著名的金融中心,被称为'东方华尔街'呢!"笑嘻嘻说。

"金豆豆,你对'华尔街'兴致不高啊?"侯小急问。

"又不是美食街,我当然没兴趣啦!"金豆豆拍拍肚皮说。

"那有啥,让笑嘻嘻给你介绍一个山西最有特色的小吃好啦!吃完,准保你就有兴趣啦!"侯小急说。

笑嘻嘻想了想说:"没问题,一会儿带你去吃山西美食。不过呢,要说山西最有特色的,是喝的。"

"喝的,那我也要来一瓶,正好我口渴啦!"侯小急眼睛一亮。

"你确定要喝一瓶吗?"

"渴死我了,别说一瓶,两瓶我都能喝下。"侯小急打包票。

一会儿,笑嘻嘻带他们来到一个商铺前面,商铺前面挂着一个牌子:"山西陈醋"。

"我说的是山西陈醋哦!你要喝两瓶吗?"笑嘻嘻拿着两瓶陈醋问侯小急。吓得侯小急连忙倒退:"这太酸啦!可不是饮料呀!我不喝……"

"陈醋……我知道吃什么啦!"金豆豆一拍脑瓜。

一会儿,金豆豆就把

大家带到了一家饺子馆门前。

"吃饺子？"侯小急挠挠头。

笑嘻嘻和田心笑而不语，好像知道什么似的。

马上，就听服务员喊道："来山西，吃陈醋，一口饺子一口醋。"

"原来是这么吃的啊！"侯小急恍然大悟。

现在，他们每个人面前摆着一盘饺子，一碟醋，开心地吃上了。

"这么吃，果然下饭啊！"侯小急摸摸肚子说，他已把整盘饺子都吃光了。

"这个陈醋真是香啊！"金豆豆往嘴里塞了两个饺子，边吃边说，他已经在吃第二盘了。

吃饱喝足，小伙伴们直奔云冈石窟。

"这里啊，是中国四大石窟宝库之一呢！"笑嘻嘻介绍。

"我要拍照，快帮我拍照。"侯小急又嚷嚷了。

田心帮忙拍了好多，侯小急拿过来一看，皱起了眉头。

"田心,为什么只拍了石像,却没有我啊?"侯小急问。

"来看石像当然是拍石像啦!你又不是石像。"田心撇撇嘴。

"田心,你太过分啦!我是要合影啊!"

"合影啊!和我一起啊!"金豆豆凑过来说。

"你不是佛像,只有一脸吃相,我不和你合影。"侯小急嫌弃金豆豆说。

就这样,伙伴们嬉嬉闹闹地又去了皇城相府、乔家大院、晋祠博物馆等知名的古建筑群,领略了山西的大好风景,这才开心地打道回府。

河 南

研之有旅 ●●●

诗词伴我行

芙蓉楼送辛渐

唐·王昌龄

寒雨连江夜入吴，
平明送客楚山孤。
洛阳亲友如相问，
一片冰心在玉壶。

地域风情 ●●●

中原之地，孕育华夏

导语：河南省，简称"豫"，省会是郑州市，位于中国中东部、黄河中下游，总面积16.7万平方千米。河南省是中华民族和华夏文明的重要发祥地，是夏、商、周三代文明的核心区，奠定了中华文明绵延不断发展的基础。历史上，先后有20多个朝代200多位帝王在河南建都兴业。

旅游故事

最近呀，侯小急正在读《中华五千年》这套书，他读着读着突然跑来找笑嘻嘻："问你一个问题，北宋的都城是哪一座城市啊？"

"哈哈哈，这个问题难不倒我，当然是开封啦！"笑嘻嘻回答。

侯小急又问："那你知道唐朝的都城是哪两座城市？"

"分别是长安和洛阳。"笑嘻嘻从容地回答。

侯小急没难住笑嘻嘻，还有点不服气，继续问："那你说说开封和洛阳在现在哪个省？"

笑嘻嘻不慌不忙地回答："当然是河南省啦！"

"这你都知道？"侯小急有点不可思议。

笑嘻嘻笑着说："这有什么难的，你问了我这么多，我也问你一个问题。"

"问吧！没有什么能难得住我这个小天才。"侯小急自信满满。

笑嘻嘻笑着问："河南省的省会是哪个城市？"

"这个？"侯小急想了想，"开封和洛阳分别是北宋和唐

朝的都城,肯定是这两个城市中的一个。唐朝比宋朝厉害,我猜是洛阳?"

笑嘻嘻摇摇头:"不对。"

侯小急说:"那就是开封啦!"

笑嘻嘻又摇摇头:"又答错啦!"

侯小急有点不相信自己,问道:"那河南的省会是哪个城市?难道河南省还有比这两个城市更厉害的?"

笑嘻嘻说:"河南省是华夏文明重要的发祥地,地处中原地区,文明古迹超级多。你没去过,对它不了解。这样吧,我们一起去一趟河南省看一看吧!"

"真是太好了!"侯小急十分赞同。

于是,开心旅游团的小伙伴们,开启了一场游遍河南的旅行。

黄河是中华民族的母亲河,第一站笑嘻嘻带大家去了龙门石窟,在这里见到了黄河水波涛汹涌和气势的恢宏。伙伴们第一次见识到了黄河奔流的壮观。

他们沿着黄河,还游览了河南轩辕黄帝故里景区和黄河三门峡大坝。金豆豆还带着大家去吃了黄河鲤鱼,讲到美食金豆豆绝对是行走的百科全书,哪儿有好吃的,都逃不过他的嘴。

他们在历史悠久的"龙门石窟"看到这里展现着千年的艺术风华,石窟上刻着上万个雕像,真是让伙伴们流连忘返。

他们在龙门石窟逛着的时候,侯小急

拿着地图,突然蹦跳起来,而且挥舞着双手:"哇呀,你们看我发现了什么?"

大家对侯小急一惊一乍的状态早已习以为常,说:"你别跟猴子见了桃子似的,兴奋得都不知道说啥好了,想说啥就赶紧说。"

侯小急继续卖关子:"你们看,我像啥?"

说完,他手舞足蹈,既像猴子乱窜,又像是在打拳。

金豆豆笑着说:"你这是猴子去偷桃子。"

侯小急摇摇头:"我这是在练猴拳啊!"

"果然是只猴子。"

"重点不是这个,是功夫,我练的是功夫。"

"你可别瞎耽误工夫了。"大家都摇摇头。

"我的意思是,我们可以去这里玩儿。少林寺,功夫最厉害的地方。"侯小急兴奋地指着地图上面少林寺的图标说。

"搞了半天,是想去少林寺呀!"大家这才恍然大悟。

笑嘻嘻说:"少林寺在嵩山,那我们现在就去吧!"

于是大家去了中国功夫的高地——嵩山少林寺。

来到了这里,侯小急就兴奋地到处转,看着千年的古寺,还有那些练功夫的人,他都不想走了。

大家连忙把他拉下山,否则侯小急就在山上把头剃了,进少林寺学功夫呢。

下了嵩山,笑嘻嘻带大家去了洛阳和开封。

这两个千年古都,现在还有许许多多的历史古迹,大家还在洛阳看到了闻名遐迩的牡丹。

最后,大家在河南省会郑州,游览了河南省博物馆,一下子看了许许多多古代文物,这才心满意足地结束了河南之旅。

河南省的省会是郑州,这回侯小急不会忘记了。

安 徽

研之有旅 ●●●

诗词伴我行

赠汪伦

唐·李白

李白乘舟将欲行,忽闻岸上踏歌声。
桃花潭水深千尺,不及汪伦送我情。

地域风情 ●●●

安心寄山水,徽音听千年

导语:安徽省,简称"皖",省会是合肥市,位于中国华东长江三角洲地区。这里地势由平原、丘陵、山地构成,处于暖温带与亚热带过渡地区。这里也是长三角的重要组成部分,处于全国经济发展的战略要冲和国内几大经济板块的对接地带。安徽的文化发展源远流长,是中华文明的发祥地之一。

旅游故事

今天,侯小急抱着一本书跑来找笑嘻嘻。

"我有一个问题,黄山真的是黄色的吗?"侯小急问。

笑嘻嘻想了想:"以前我看图片黄山好像不是黄色的。"

"那为什么叫黄山呢?"侯小急又问。

"这个……"

笑嘻嘻也无法回答,不过,她有办法。

她找来田心和金豆豆说:"侯小急和我想确定一下黄山的颜色,所以我提议咱们去黄山,来一场研学之旅,从中找到问题的答案。"

"我赞同。"田心听到去旅游,就非常高兴。

"我也赞同。"金豆豆说,"不过,我要先去搜索黄山的美食都有哪些。"

"好呀!我来安排日程,侯小急准备好要考察的问题,田心准备小工具,金豆豆查看美食攻略。我们开心旅游团明天出发。"笑嘻嘻高兴地说完,大家便开心地准备任务去了。

笑嘻嘻回家之后,立刻开始买车票,准备去黄山的行程安排。当然,她也和大家商量好,这次黄山之旅的过程中,也要把整个安徽省游览一遍。

做好了准备,大家顺利出发。

伙伴们先来到黄山市,乘坐大巴去黄山。

来到山脚下,他们就被黄山的美景给吸引了。

"哇塞,这就是比五岳还要美的黄山呀!"笑嘻嘻感叹。

"为什么说黄山比五岳还要美?"侯小急问。

"因为中国有句古话,叫作五岳归来不看山,黄山归来不看岳。"笑嘻嘻解释。

"照这么说,我都迫不及待地想去领略黄山美景啦!"侯小急跳起来说。

"我听说,看黄山主要是看松、石、云海。咱们先去看松。"笑嘻嘻提议。

侯小急连忙附和:"我知道,黄山最有名的是迎客松,我们先去看那里。"

伙伴们坐上了缆车,侯小急打开自动讲解机,听里面播放的介绍语音:

"迎客松屹立在黄山景区玉屏楼的青狮石旁,海拔1670米处。树高10.08米,树干中部的两大侧枝向前方伸展,恰似一位好客的主人,挥展双臂,热情地欢迎五湖四海的宾客。

"迎客松还作为中国人民与全球友谊的象征,蜚声中外。国家领导人曾在人民大会堂的巨幅《迎客松》国画前,接见过无数友好使者,同世界各国人民结下了深厚的友谊。迎客松是当之无愧的瑰宝。"

听完，喜欢画画的侯小急已经掏出了速写本，准备到迎客松面前，给它画一张帅气的画。

等大家来到迎客松的面前，就被这一棵造型帅气的松树吸引了。侯小急画了好几张松树的画，还把笑嘻嘻、田心和金豆豆画了进去。

除了迎客松，侯小急还发现了黄山上其他各式各样的松树，它们挺拔的身姿，挺立在云雾缭绕的山石之上，像一个个耸立在山巅的大侠。

看完松树，接下来，大家去看黄山奇石。

黄山的山体主要以岩石为主，很多岩石都裸露在外边，形成了险峻的山体和各式各样的奇石。这些奇石数量众多，每一块姿态都有不同，而且它们和松树搭配，挺拔中带着巍峨，巍峨里带着险峻。

侯小急凝望着山石，分析说："山的颜色除了绿色就是褐色，根本跟黄色没有什么关系。看来黄山这个名字并不是从山的颜色上得来。"

"没事儿，我们继续游览和观察，我相信不久之后，我们就知道答案了。"

不一会儿，山上气候开始变化，逐渐起了大雾。

笑嘻嘻连忙喊大家："快看，黄山的雾来啦！一会儿，我们将可以看到云雾缭绕山石的奇景，就像仙界一样。"

侯小急开心地说："那我们不就成仙啦！"

金豆豆却说："云雾虽然美，但离成仙还差一步。"

"差哪一步？"

"没有吃遍黄山的美食，是无法成仙的。"金豆豆说。

"那好吧！我们赶紧去吃吧！山下就有好多小吃。"侯小急都迫不及待了。

来到山下，金豆豆带着大家找到了许多小吃，伙伴们逐一品尝。

黄山美食实在是太多了，有臭鳜鱼、毛豆腐、五城茶干、黄山刀板香、一品锅、毛豆腐……还有好多街边的小吃，简直是吃货的天堂啊！一直把金豆豆和侯小急吃得撑不下了，才停下碗筷。

"我知道啦……"侯小急突然喊道。

大家都望向他，听他说道："我知道黄山为什么叫黄山啦！"

"为什么？"

"你们看，这墙上写着呢！"侯小急指着饭店墙上的黄山介绍说，"因为黄帝曾在黄山炼丹，后来成了神仙，所以此地名为黄山。"

"原来是黄帝成仙的地方啊！"这下大家都找到了答案。

这下，黄山在伙伴们心中，已经成为仙山了。

"怪不得这么美呢！"

"下次还想来！"

游览完美丽的黄山，大家又看遍了安徽其他的美景，这一趟研学之旅，完美结束。

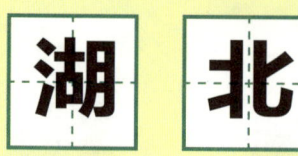

研之有旅 ●●●

诗词伴我行

黄鹤楼

唐·崔颢

昔人已乘黄鹤去，此地空余黄鹤楼。
黄鹤一去不复返，白云千载空悠悠。
晴川历历汉阳树，芳草萋萋鹦鹉洲。
日暮乡关何处是？烟波江上使人愁。

地域风情 ●●●

华中宝地、江城风华

导语：湖北省，简称"鄂"，别名楚、荆楚，省会是武汉市。这里地处中国中部地区，东邻安徽，西连重庆，西北与陕西接壤，南接江西、湖南，北与河南毗邻。这里也是楚国的发祥地，代表文化为"荆楚文化"。

旅游故事

今天,金豆豆特别盼望着早点放学。从下午第二节课下课开始,他就不住地念叨着:"太阳咋还不落山呢?咋还不放学呢?"

侯小急看着金豆豆着急的样子蹦过来问:"金豆豆,快如实招来,是不是最近又发现了什么好玩的游戏?"

金豆豆摇摇头:"才不是,我不玩游戏很久了。"

"那是因为什么?"

"因为……这是个秘密。"

"哎呀,金豆豆你就别卖关子了,你不公布答案,我都快急死了。"

笑嘻嘻听了,笑着说:"侯小急,你好笨,金豆豆最喜欢吃,他急得像热锅上的蚂蚁,肯定是因为美食的诱惑。"

田心也来凑趣:"金豆豆,你有什么秘密,连我们开心旅游团都保密,还是不是我们的好队友了。"

侯小急附和着:"就是就是。"

看到大家这样说,金豆豆只好赔笑:"好吧!告诉你们,我着急啊是因为一件事，咱们校门口来了一位老奶奶，这两天在卖粽子，她做的粽子别提多好吃了。我啊一想起来她做的粽子，就饿得没心思上学了。"

笑嘻嘻说："光知道吃，问你一个问题，你知道粽子的起源吗？"

侯小急赶紧抢答："我知道，粽子跟屈原有关。"

"对啦！侯小急最近读书多，看来也变得渊博了呢。"笑嘻嘻夸奖。

侯小急得意地说："谁让我是个天才呢！我早就知道粽子是屈原发明的。"

"嗯？胡说，粽子是用来纪念屈原的，可不是屈原发明的。"笑嘻嘻纠正。

"那到底是谁发明的？"

"是楚国人。"

"楚国人？楚国是哪里啊？"

"楚国就是今天的湖南和湖北为主的地区。"

"哎呀！好想去啊！"金豆豆赶紧说。

"你是想去了解一下历史知识？"

"我是去吃粽子。"金豆豆流着口水说，"粽子发源地，口味超级多。"

"是的啊！你这么说我也想去了。"侯小急也兴奋起来。

看到他们都想去探寻一下粽子的发明过程，笑嘻嘻决定带开心旅游团的小伙伴们一起，游览一下湖北和湖南两省。

当然，除了吃粽子，这里也有超级多的美景和名胜古迹可以游览呢。

笑嘻嘻先带大家来到了湖北省的省会——武汉。

武汉也称江城，是长江上非常重要的城市。

他们坐船先来到了长江边的天下第一楼——黄鹤楼。

黄鹤楼临江而建，气势雄伟。

这里不仅是观赏长江风景的绝佳地点，还留下了许许多多的名人逸事呢。

"故人西辞黄鹤楼，烟花三月下扬州。"

小诗人侯小急登上了黄鹤楼就开始念诗,他一边念诗还一边到处找寻着什么东西。

"你丢东西啦?"

"不是。"

"那你在找啥?"

"黄鹤啊!黄鹤楼啊黄鹤楼,我找一找黄鹤在哪儿。"

"黄鹤在天上飞啊!"笑嘻嘻说。

侯小急扯着脖子望向天空,天上只有云彩和飞机。

笑嘻嘻指着黄鹤楼里的壁画说:"你往这上边看,有没有黄鹤?"

"哎呀!原来黄鹤在画里啊!真美。"侯小急由衷地赞叹。

接下来,笑嘻嘻带着大家去了位于长江边上的老租界。这里向大家讲述了武汉作为重要的港口城市的历史。

"哇塞,这里在一百年前被称为'东方芝加哥'呀!"田心赞叹。

笑嘻嘻喜欢古建筑,他和田心拍了好多照片。

看完了武汉的名胜古迹,接下来,他们来到了湖北省著名的"赤壁古战场",准备找寻一下三国故事中周瑜和诸葛亮大战曹操的对阵地点。

到了赤壁,他们果然看到了很多穿越千年的文物和古迹。

侯小急买了一个诸葛亮的鹅毛羽扇,坐上观光船,不断地扇着风,装作自己是诸葛亮。可惜最后手都累酸了,也没有借到"东风"。

当然,笑嘻嘻还带大家去了另一处中国功夫发祥地——武当山。

侯小急赶紧拍照,准备去学功夫。

大家连忙拉住他,对他说:"咱们是来旅游的,可不是来学功夫的。"

侯小急这才善罢甘休。

当然,最后,大家还记得要大吃一顿,吃一吃这里最原汁原味的粽子。

金豆豆赞不绝口:"长江边的粽子,就是好吃啊!"

说完,他自己一口气吃了两盘。

吃完,笑嘻嘻决定带领大家去湖南看一看。因为那里有屈原投的江——汨罗江,当然还有江边最美味的粽子。

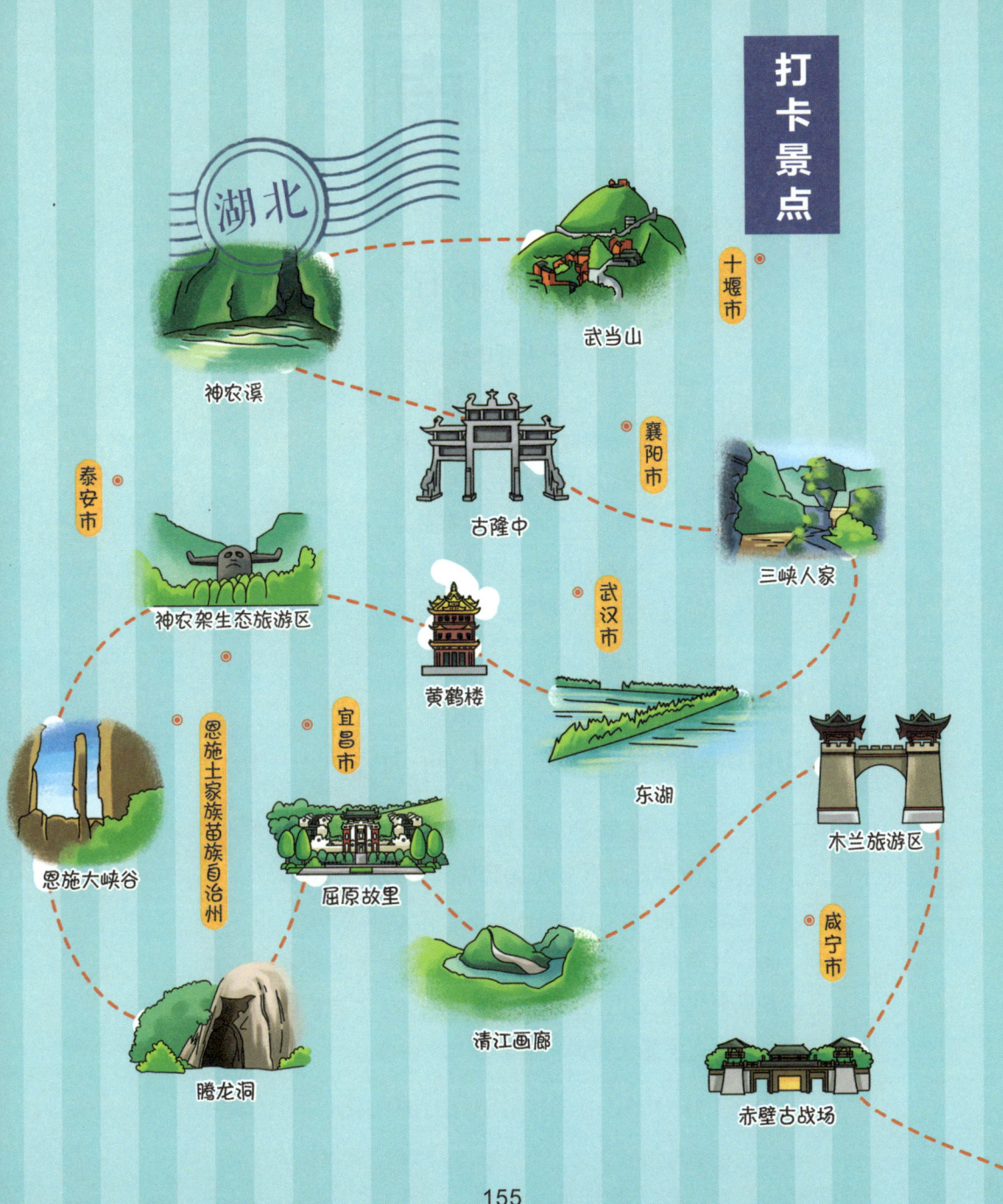

湖 南

研之有旅 ●●●

诗词伴我行

登岳阳楼

唐·杜甫

昔闻洞庭水,今上岳阳楼。
吴楚东南坼,乾坤日夜浮。
亲朋无一字,老病有孤舟。
戎马关山北,凭轩涕泗流。

地域风情 ●●●

惟楚有才,于斯为盛

导语:湖南省,简称"湘",省会是长沙市,地处云贵高原向江南丘陵和南岭山脉向江汉平原过渡的地带,由平原、盆地、丘陵地、山地、河湖构成,地跨长江、珠江两大水系。湖南省历史代表文化为"湖湘文化",有"芙蓉国"之称,是华夏文明的重要发祥地之一。

旅游故事

"粽子是当地老百姓为了纪念屈原,而发明的美食。"笑嘻嘻给大家科普。现在开心旅行团正坐在前往湖南省会长沙的高铁上。

"湖南还有没有其他好吃的呀?"侯小急问。

"这个问题由开心小队的美食家来回答。"笑嘻嘻拍了拍正在吃着薯片的金豆豆。

金豆豆把最后一个薯片塞进嘴里,拍拍手说:"湖南的美食可太多了,有长沙米粉、酱板鸭、浏阳蒸菜、口味虾……当然,还有一个和侯小急最相配的美食。"

"是啥?"侯小急满怀期待地问。

"是……长沙臭豆腐。"金豆豆笑着说。

"臭豆腐我倒是挺爱吃,但和我有什么相配的?"侯小急不明所以。

"因为你……臭呀!哈哈哈……"大家笑起来。

"哼!不理你们了。"侯小急双手一抱胸,头歪向一边说。

不过,下了高铁,当金豆豆买了一串长沙臭豆腐,递给侯小急的时候,他就毫不犹豫地吃了起来,一边吃一边还说:"好吃好吃。"

"闻起来臭,吃起来香。"金豆豆说,"先臭后香,这个跟你不一样。"

"是啊!我是一直都香。"侯小急拍拍胸脯。

田心把嘴一撇:"想得美,你是一直都臭。"

侯小急又跟田心生起了气,但是田心请他吃长沙三鲜豆皮,他就又开心起来。

吃完小吃,笑嘻嘻就带着大家去了岳麓山。

"岳麓山有什么好看的好玩的?"侯小急问。

"岳麓山上有岳麓书院呀!岳麓书院有上千年历史,是中国著名的四大书院之一呢。"笑嘻嘻回答。

"哇塞,这个书店好厉害啊!我要去买一本《笑嘻嘻日记》,这是我最喜欢的书啦!因为我是主角。"侯小急还不忘炫耀起来。

"书院是学校的意思,不是书店,侯小急你真是太没文化了。"笑嘻嘻已经被侯小急搞得无语了。她不理侯小急了,和田心一起游览着风景如画的岳麓山风景。

看完岳麓山,游览完橘子洲,开心旅行团下一站要去著名的"桃花源"。

大家坐着小船,感受着桃花源里世外桃源一般的美丽风景。

金豆豆看得最投入,竟然对着桃花流起了口水。

"喂金豆豆,你难道要吃桃花吗?"田心疑问地说。

金豆豆还没回答,侯小急就抢答了:"不是啦!他在想,过几个月,这树上的桃花就会变成又香又甜的大桃子,所以就流口水啦!"

"你胡说。"金豆豆抹抹嘴说。

笑嘻嘻嘲笑侯小急说:"你看看,我就说金豆豆那是被美景惊呆了,才没有你说得那么低级趣味,你不要瞎说。"

谁知金豆豆却自言自语说:"我除了在想美味的大桃子,还有桃子罐头、桃子果冻、桃子果汁儿、桃子果干、桃子汽水……"

"好吧!侯小急,你赢了,还是你最了解金豆豆。"笑嘻嘻吐吐舌头,承认自己刚才对金豆豆看走了眼。

金豆豆果然是大胃王,对好吃的总是充满了幻想。大家在看美景都想着风景,他看美景竟然想着美食。

游览完了桃花源,大家又去了景色绝佳的南岳衡山、张家界天门山和炎帝陵。每一个地方都让人流连忘返。

最后,大家登上了著名的"岳阳楼"。在这里远眺千里碧波的洞庭湖水,背诵了千古名篇《岳阳楼记》。

背完了《岳阳楼记》,大家都感叹,湖南真是个好看好玩儿还有文化的地方啊!

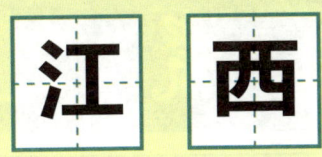

江西

研之有旅 ●●●

诗词伴我行

望庐山瀑布

唐 · 李白

日照香炉生紫烟，
遥看瀑布挂前川。
飞流直下三千尺，
疑是银河落九天。

地域风情 ●●●

山川秀美，奇绝天下

导语：江西省，简称"赣"，省会为南昌市。江西位于中国东南部，长江中下游南岸，为长三角、珠三角、海峡西岸的中心腹地。江西省自古为"干越之地""吴头楚尾、粤户闽庭"，乃"形胜之区"，素有"文章节义之邦，白鹤鱼米之国"的美称。

旅游故事

周末，笑嘻嘻又和伙伴们聚在一起。

她问了大家一个问题："你们都喜欢去哪些地方旅游呢？"

侯小急说："我喜欢去人多的地方，因为这些地方比较热闹。"

田心说："我喜欢去看自然美景，因为可以和大自然近距离接触。"

金豆豆说："只要有好吃的地方我都愿意去。"

大家说完，问笑嘻嘻："你呢？"

笑嘻嘻说："我喜欢热闹的、有自然美景的，还有好吃的地方。"

"笑嘻嘻，你这是集合了我们的意见啊！"

"是呀！"笑嘻嘻说，"因为我跟伙伴们一起玩才最开心嘛！"

"哎呀！笑嘻嘻你真是太好啦！我们也愿意跟你一起旅游呢！"大家忍不住点赞。之后，侯小急问："但是，有这种集合了这么多优点的地方吗？"

笑嘻嘻点点头："当然有啦！我们这一次开心旅游团要去的地方就是这样的。"

"哇，是哪里呀？"

"那就是……庐山。"笑嘻嘻公布答案。

"'不识庐山真面目，只缘身在此山中'的庐山？"侯小急又想起了古诗。

"是的，就是苏轼笔下的庐山。"

"哇塞，那我要去。不过，庐山在哪里呀？"

"庐山在江西省九江市。看，我把车票都买好啦！咱们明天就出发。"笑嘻嘻掏出高铁票说。

这一次，笑嘻嘻准备带领开心旅游团前往庐山这一座有着悠久历史和自然风光的名山走一走看一看。

庐山位于江西省，他们坐火车先来到九江市，再换车直上庐山。

旅游大巴刚到半山腰，侯小急就迫不及待地喊道："快看，'横看成岭侧成峰，远近高低各不同'，果然没错。"

大家看着侯小急指着的庐山上的各种山峰，姿态各不相同，都叹为观止。

上了庐山顶上的牯岭镇，他们看到了热闹的旅游人群，这许许多多的游客，都是被庐山的美丽风光吸引来的。

傍晚，大家就在牯岭镇的观景平台上看日落。天边的黄昏把云彩染成了金色，大地上的长江宛如一条亮丽的彩带。

大家陶醉于美景的时候，却突然发现，开心旅游团的"活宝"金豆豆不见了。

大家东看看西望望，用目光搜寻遍了观景平台，也寻不着金豆豆胖墩墩的身影。

大家刚想分散寻找，一转眼，就见金豆豆带着一个袋子边吃边跑了回来。

"金豆豆你去哪儿啦？"笑嘻嘻关切地问。

"我去买这个啦！脆皮石鱼卷，超级好吃。"金豆豆边吃边递美食给大家。

"我就知道,金豆豆,你的旅游时间都用来吃了。"侯小急调侃他。

吃饱了,大家回去早早睡下,因为笑嘻嘻告诉大家,明天的游览路线已经安排好了。

第二天一早,笑嘻嘻带着大家坐上了旅游大巴!

"我们要去哪儿?"侯小急问。

"我说一个知识点,你来猜哈!"笑嘻嘻说,"日照香炉生紫烟……"

还没等她念完,侯小急立即回答道:"是去看庐山瀑布,对不对?"

"是的,你猜对啦!"

接下来,他们来到了超级有名的庐山瀑布景区,在这里侯小急完整地背了一遍李白的《望庐山瀑布》。他们还跟瀑布合了一张影,只是,侯小急被瀑布的水浇湿了身上的衣服。

"别人是来看庐山瀑布的,侯小急,你跟别人不一样。"笑嘻嘻一边把雨衣递给侯小急一边调侃,"别人是来看瀑布,你是来冲澡的。"

"哈哈哈……"大家听了都笑了起来。

侯小急不服气说:"别人能跟我比吗?他们只会看,而我这是在感受庐山瀑布呢。"

金豆豆笑着说:"大家快来感受一下什么是落汤鸡的感觉吧!"

侯小急说:"这不是落汤鸡,这是庐山瀑布欢迎你,帮你沐浴帮你洗。你们

就说说,谁冲过庐山瀑布澡?"

"我们没冲过,也不想冲。"就这样,大家嘻嘻闹闹地看了看庐山瀑布。

看完庐山瀑布,他们又去了五老峰和仙人洞。

庐山上的美景实在太多了,大家在山上一直待了两天才下山。

接着大家去了鄱阳湖,还去了滕王阁。

到了滕王阁的售票处,笑嘻嘻掏出两张门票分别递给了侯小急和金豆豆。

"你俩没有门票怎么上去呢?"侯小急问。

"我们免票!"笑嘻嘻笑着解释说,"在滕王阁景区,有一个规定,只要会背诵《滕王阁序》,就可以免门票。"

"哇塞,早知道我就背了。"侯小急心有不甘地说。

金豆豆拍了拍他肩膀:"兄弟,别想了,你这脑子,背不下来的。"

"什么?敢小瞧我,我回去就背给你看。"侯小急刚说完,才发现笑嘻嘻和田心顺利背诵完《滕王阁序》,获得免票游览的资格了。这可让侯小急嫉妒坏了,他决定回去一定把《滕王阁序》背诵下来,下次来也要免票。

结束了滕王阁的游览,开心旅游团在笑嘻嘻的带领下,还去了井冈山风景旅游区、三清山和景德镇。

就这样,顺利地把江西省游览了一遍,大家心满意足地回家了。

西部地带篇
XIBU DIDAI PIAN

沙湖

敦煌月牙泉景区
玉门关遗址

华山

塔尔寺

葡萄沟

新疆

研之有旅 ●●●

诗词伴我行

关山月
唐·李白

明月出天山，苍茫云海间。
长风几万里，吹度玉门关。

地域风情 ●●●

西域风情、戈壁黄沙

导语：新疆维吾尔自治区，简称"新"，首府是乌鲁木齐市，是中国五个少数民族自治区之一。新疆面积166.49万平方千米，是中国陆地面积最大的省级行政区，约占中国国土总面积的六分之一。这里自古以来都是丝绸之路的重要通道，是第二座"亚欧大陆桥"的必经之地。

旅游故事

侯小急最近迷上了地理，他逮到笑嘻嘻有空闲，就问她地理问题："你知道中国最大的沙漠叫什么名字吗？"

"塔克拉玛干沙漠。"笑嘻嘻脱口而出。

"我再问你，塔克拉玛干在哪个位置？"

"在新疆啊！"

侯小急没有难住笑嘻嘻，还想继续问，但突然不知道问什么好。

"唉，我还没去过新疆呢！都不知道那有什么？"侯小急噘着嘴自言自语。

"那还不容易，我们一起去一趟不就行啦！"笑嘻嘻提议。

"好呀好呀！"侯小急还没说话，金豆豆和田心就提前鼓起掌来。

"走，咱们去新疆走一走看一看。"笑嘻嘻手一挥，开心旅游团就出发。

他们先来到天山，来看天池。

天山天池，又名"瑶池"，在新疆维吾尔自治区内。天山博格达峰与天池组成了几千米的地形高低变化，构成了令人赞叹的高山大湖景观。

天池的湖面海拔1910米,以湖泊为中心,天山雪峰倒映,云杉环拥,天池碧水似镜,风光如画。

"这里的动植物非常多,光动物就有400多种。"侯小急看过地理书,给大家讲解。

"对,有国家重点保护动物雪豹、棕熊等。"田心也说起来。

"喂,田心你是怎么知道的?"侯小急问。

"你忘啦!你看的那本地理书还是我借给你的。"田心撇了撇嘴,意思是自己早看过。

"大家快来看,我找到了什么花。"笑嘻嘻在不远处的山坡上喊。

大家都奔过去,只见地缝里钻出来一朵巴掌大的白色花朵。

"这是天山雪莲。"笑嘻嘻给大家科普,"雪莲是天山花卉中的佼佼者,有'雪菊花,琪花瑶草'的美称。"

"这个能吃吧!"不用问,说这话的肯定是金豆豆。

"这是保护植物,不能随便摘和吃。"笑嘻嘻提醒。

"好吧!"金豆豆失望之情溢于言表。

下一站,大家去的是葡萄沟。

新疆是咱们中国盛产葡萄最多的地方,在吐鲁番火焰山的西侧,有一条横贯火焰山的林荫峡谷,那就是葡萄沟。

这里的葡萄品种特别多,有马奶子、黑葡萄、

无核白、比夹干、琐琐等。

这些葡萄有的色如翡翠，有的艳如玛瑙，有的小似珍珠，有的大似小橄榄，有的皮薄汁多味甘美，有的肉脆汁浓味酸甜。

看完这些灯笼似的小葡萄，维吾尔族朋友请伙伴们坐在葡萄架底下，边吃边玩。

在一片欢声笑语中，这里的朋友们开始跳起新疆的民族舞，唱起最动听的歌。他们的舞姿婀娜妩媚，身上的民族服饰十分好看。

侯小急立刻跑过去，和他们在一起载歌载舞起来。

还别说，侯小急真的很会跳舞，只是，他会跳的是广场舞，显得不伦不类。

去葡萄沟的路上途经火焰山，火辣辣的太阳直射在光秃秃的土地上，顿时让人感觉头晕眼花。"唐僧当年得要多大的勇气才能翻过这座火焰山啊！"田心感慨。

"这就要问问孙悟空了。"大家看向侯小急。

因为之前在学校的好几次文艺会演中，他演的就是孙悟空。（详情请阅读《笑嘻嘻日记》）

"哈哈，看我一纵身，飞越火焰山。"侯小急开始吹牛。

他刚在山脚下走了两步，就嗖地跑回来说："太热啦！我还没飞就差点儿烤熟啦！"

大家都笑："你这个孙悟空要嘴皮子尚可，一干实际的就不行了啊！"

接下来，大家还去了赛里木湖。

赛里木湖古称"净海"，是新疆海拔最高、面积最大、风光秀丽的高山湖泊，又是大西洋暖湿气流最后眷顾的地方，因此，它又被称为"大西洋最后一滴眼泪"。

新疆除了美景，还有美食。金豆豆早就嚷嚷着要去吃新疆烤肉，新疆人以食牛羊肉为主，酷爱大馕与奶茶，这几样配在一起吃，真是太享受了。

吃完美食，大家完成了这趟新疆之旅，恋恋不舍地回家了。

宁 夏

研之有旅

诗词伴我行

使至塞上

唐·王维

单车欲问边,属国过居延。征蓬出汉塞,归雁入胡天。大漠孤烟直,长河落日圆。萧关逢候骑,都护在燕然。

地域风情

河套平原、塞上江南

导语:宁夏回族自治区,简称"宁",首府是银川市,中国五大少数民族自治区之一。宁夏回族自治区是中华民族远古文明发祥地之一,既有秀美的风光,又有深厚的历史文化底蕴,古今素有"塞上江南"之美誉。

旅游故事

上周,开心旅游团怀着激动的心情,来到了向往已久的"塞上明珠"宁夏。

他们首先来到宁夏首府——银川。第一天,先去参观西夏陵。西夏陵是西夏国历代君主的陵墓,分列在银川平原上。

西夏国的第一个皇帝是李元昊,他为西夏做出了巨大的贡献。他聪明又善于打仗,后面的皇帝个个都不如他。

有的喜爱教书,有的热衷念经,有的啥也不干,有的……反正什么样子的皇帝都有。

后来,这些帝王都埋葬在这里。

大家着重看了西夏陵的三号陵,三号陵是埋葬李元昊的地方。四周土墙围的地方就是陵墓的院子,中间的大土堆就是陵墓。大土堆上有很多圆孔,本来是插着木头,架起了一座宫殿,可惜后来被蒙古人烧毁了。

因为宁夏是回族自治区,大家都想了解一下回族人的历史,所以第二天伙伴们去了宁夏博物馆。

这里有很多文物,也有许多历史故事。

第三天,大家才来到梦寐以求的沙湖。这是这次旅行大家最喜欢的地方,因为又可以玩沙啦!

一进沙湖,侯小急就迫不及待地玩沙子。他脱下鞋,在松软的沙堆上跳着宣布:他与沙子最要好。没想到脚下一拌蒜,就跌到了沙堆上,还吃了好多沙子。

这引起了大家一阵嘲笑,都说:"侯小急果然和沙子关系最铁,都吃到胃里了。"

接下来伙伴们玩了滑沙,滑沙和滑雪一样好玩,只不过滑法不同。滑沙是用专门制成的滑沙车在陡峭的沙坡顶上向下滑行。

从坡顶向下望去,感觉又高又陡,看起来挺吓人。

金豆豆害怕,所以先选了一辆慢的滑沙车,然后紧闭双眼滑了下去。

结果也没那么可怕,他果断地又玩了第二次。这次他选了一辆快车,感觉风驰电掣,飞一般的速度。

滑完他就战胜了恐惧,变成滑沙高手。

看来啊,人的潜力是无穷的,只要认真做事,都能找到窍门。

伙伴们还堆了沙堡,金豆豆在沙堡的外面建了一座城墙,侯小急戏称这是"沙子王陵",埋葬着沙子国第99代国王——沙里哈喽,把大家逗得哈哈大笑。

接下来,大家到了另一个有名的景点——沙坡头。

在这里,大自然将四种毫不相干的地貌巧妙地融合在一起,分别是:一眼望不到边际的腾格里沙漠、湍急的黄河水、成片的绿洲和连绵起伏的贺兰山。

这四种地貌交相辉映,相生相依,如同一幅壮美的画卷徐徐地展现在大家眼前,这画卷既具西北风光之雄奇,又有江南景色之秀美,实在让人印象深刻。

大家还见识了沙坡头另一绝——羊皮筏子。十六张完整的羊皮被分成四组，前后排扎在一起，上面安装上木架，游客们直接坐在木架上面，在黄河上漂浮，欣赏沿岸美景，这既古老又有当地特色。

最后一天，大家去了贺兰山，山上有记载着人类文明起源的贺兰山岩画，非常古老。用简单的几根线条，就勾勒出许多人和动物。大家没想到，在这里生活着那么古老的人类，他们画的画竟然这么好玩儿。

侯小急看得比较仔细，他说："画里的人，有的在耕作，有的在跳舞，有的在……写作业。"

大家打趣儿说写作业那幅特别像侯小急。

侯小急却说，有可能是他祖先，因为他们长得都很帅。

好吧！这家伙可真自恋。

宁夏是个历史悠久的地区，在这里，大家见到了有一种独特的文字"西夏文"，还看到了远古时期人们用来记录事情的岩画，充分说明宁夏不仅美丽，而且文化丰富。

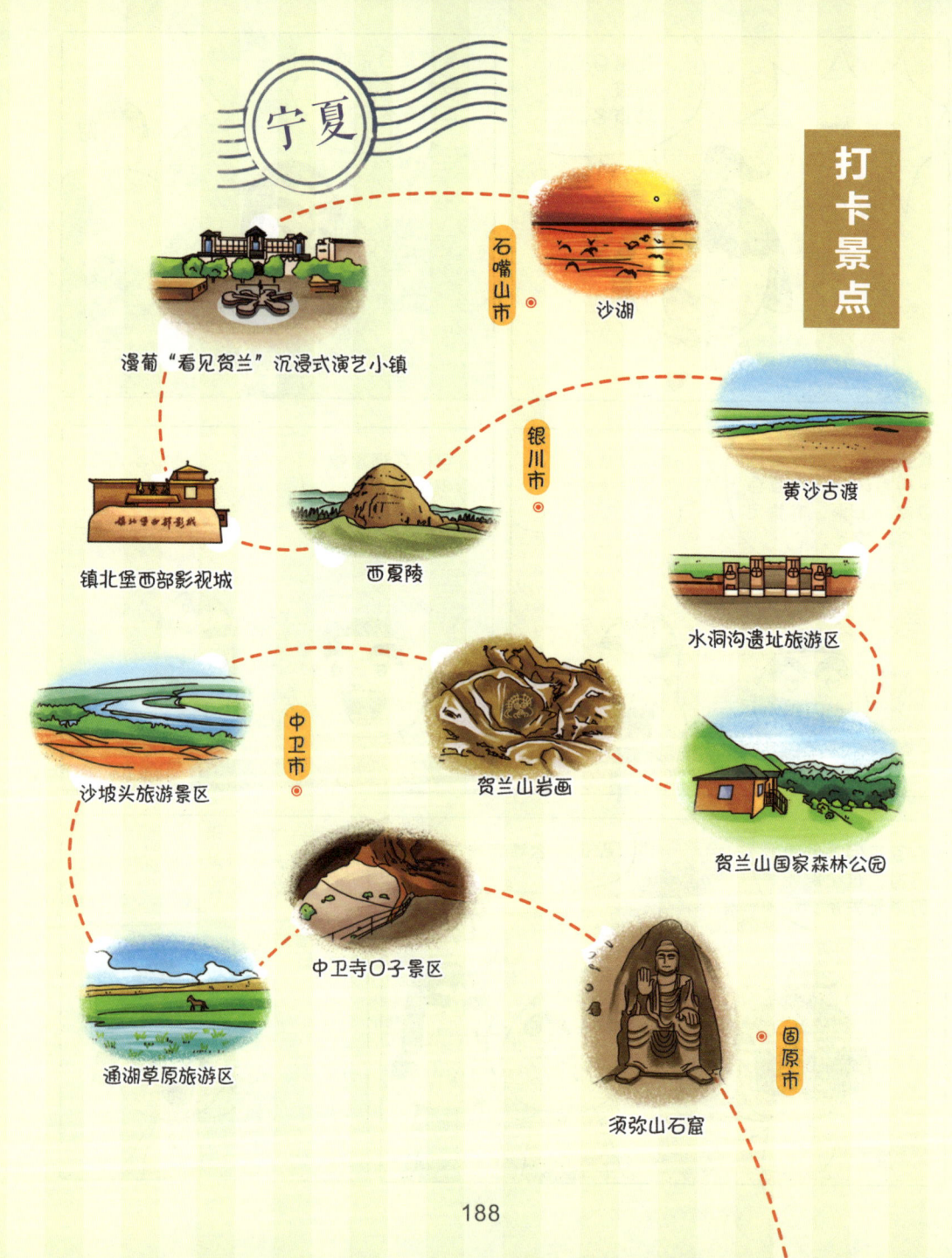

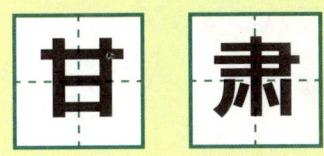

研之有旅

诗词伴我行

送元二使安西

唐·王维

渭城朝雨浥轻尘,客舍青青柳色新。
劝君更尽一杯酒,西出阳关无故人。

地域风情

丝绸之路、西部走廊

导语:甘肃省,简称"甘"或"陇",省会是兰州市。甘肃省位于中国西北地区,东通陕西,西达新疆,南瞰四川、青海,北扼宁夏、内蒙古,西北端与蒙古国接壤。这里地处黄土高原、青藏高原和内蒙古高原三大高原的交会地带,地理位置非常重要。

旅游故事

这一次,开心旅游团要去甘肃旅游啦!

因为笑嘻嘻刚看完一本介绍丝绸之路的书,提到许多甘肃的文物和古迹。

首先,笑嘻嘻带着伙伴们来到长城最西的嘉峪关。

嘉峪关号称"天下第一雄关",位于甘肃省嘉峪关市,与最东的"天下第一关"山海关,遥相呼应,闻名天下。

嘉峪关是古代"丝绸之路"的交通要塞,中国长城三大奇观之一,自古以来就是河西第一隘口。

大家很快爬到了嘉峪关的城头,望着关外的优美风景。侯小急忍不住赞叹:"快看,壮观雄伟的长城,就像一条龙。"

田心也由衷地说:"快看,那边有精致的庙宇,看起来像装满了历史。"

金豆豆跟着噼里啪啦地讲:"快看,那边有大片大片白茫茫的雪山,就像奶油冰棒和牛奶雪糕。"

好吧!这家伙三句话不离吃。

走过一段城墙,笑嘻嘻发现有一个烽火台围了不少人,赶快过去看个究竟。"原来是人们在练习射箭呀!"

只见,十步之外立着一个布袋人,身着古代胡人服装。而对面,有一个人正在那边售卖弓箭,招呼游客前来尝试。

侯小急也超级感兴趣,喊道:"我也要射箭。"

这家伙是个好奇宝宝,什么新奇玩意儿都要试一试。

他花了10元钱，买了5支箭，准备做一个守城的小将军。

看他举起了沉甸甸的弓，用另一只手拿起箭，奋力一弹，箭……"啪嗒"落到地上。

看来射箭并没那么容易，侯小急虽然没有射中布袋人，但也感受到了古战场上士兵们奋力拼杀的气息。

现在的侯小急，仿佛就是名神采飞扬的战士，穿越到古代，置身于战场上。

"嗖嗖嗖"地把手中的箭，射向了入侵的敌人。

只是，这个战士还需要好好练一练，因为他一箭也没射中目标。

接下来，伙伴们去参观莫高窟。

莫高窟位于敦煌，是一座璀璨的艺术宝库。

进入莫高窟的大门后，就能看到一座非常具有代表性的木塔，名叫"九层楼"，虽然外观是一座木塔，但里面包着的全是大大小小的佛洞。

首先，大家来到了一个名叫"卧佛洞"的洞窟。

走进黑漆漆的洞窟后，就被眼前的景象惊呆了。这里有一座超级大的卧佛，雕刻的是佛祖释迦牟尼。只见卧佛双目微闭，嘴角上扬，头枕着右手，正神态安详地侧躺着。

金豆豆小声说："我们快走吧！别打扰佛祖午睡呢！"

顺着台阶，大家下到另一个黑漆漆的洞窟里。

借着微弱的亮光,可以看见墙上画着五彩的壁画,上面画满了飞天的仙女,有跳舞的,有怀抱琵琶的,有手提花篮的……姿态各异,色彩纷呈。

侯小急开玩笑说:"看,那个是金豆豆,因为他正在吃东西呢!"

金豆豆也不甘示弱:"看这个是侯小急,他正在被罗汉痛扁呢!"

田心打击他俩,指着另一幅壁画上的黑色神兽说:"那的小怪兽像你俩。"

"为啥像我们?"

"因为都张牙舞爪呀!"

莫高窟出来,他们来到敦煌市另一个超级有名的景点——鸣沙山和月牙泉。

与其说鸣沙山,不如说是沙漠。伙伴们骑上骆驼,走在鸣沙山下。

骆驼有节奏地一步一步环绕着月牙泉,月牙般的一湾水,就像绿色的月亮落到了地上。

在鸣沙山,最好玩的就是滑沙了,坐在滑沙板上,顺着沙道往下滑,转眼工夫就到山脚下,真是太有趣,太刺激了。

侯小急赶紧爬上山,租了个滑沙板,还没等工作人员介绍怎么滑,侯小急就迫不及待地滑了下去,结果他的滑沙板没几下就翻车了,人还差点儿钻到沙子里。惹得游客一阵欢笑。

侯小急不以为意,爬起来继续滑,终于得到了第一名,不过是倒数第一名。

为了安慰他,金豆豆这个美食家带大家去吃了甘肃的牛肉面和羊肉卷。

吃饱喝足之后,伙伴们又游览了几个甘肃的景点,开心地结束了这次行程。

陕 西

研之有旅 ●●●

诗词伴我行

登科后
唐·孟郊

昔日龌龊不足夸，今朝放荡思无涯。
春风得意马蹄疾，一日看尽长安花。

地域风情 ●●●

黄土高原、山水秦岭

导语：陕西省，简称"陕"或"秦"，省会是西安市，位于中国内陆腹地，黄河中游，是中华民族及华夏文化的重要发祥地之一。历史上，西周、秦、汉、隋、唐等14个政权在陕西省建都，古迹和文物数量多、等级高，居中国前几位。

旅游故事

侯小急在看《西游记》,笑嘻嘻问:"侯小急,你知道西游记里唐僧取经是从哪里出发的吗?"

侯小急回答:"我当然知道,是长安啦!"

"看来你对长安很了解嘛!"

"也不了解,我光知道是长安,具体在哪儿却不清楚。"

"那没关系,咱们这次就去陕西省,去看看长安——也就是今天的西安,到底是什么样!"

"太好啦!"

于是,开心旅游团出发,前往西安市。

第一天,笑嘻嘻带着大家到西安城墙游览。

笑嘻嘻给大家介绍说:"现在的西安城墙,建于明朝,是在隋唐皇城的基础上建成的。"

"哇!又高又厚,甚至还能在上面骑车呢!"

侯小急登上城墙兴奋地说。

"是啊!可以跑车的,我们可以租自行车在城墙上面骑。"

"太好喽!"

于是,大家租了两辆双人自行车开始了骑行。

笑嘻嘻和田心一组,侯小急和金豆豆一组。

他们一路上有说有笑,从永宁门出发,一直骑到安远门,看了许多城墙上的古迹。

有城门楼、垛口、旗杆、士兵休息室等等。

侯小急骑着骑着,就嚷嚷要和笑嘻嘻比赛。

双人骑行,比的是两个人同心协力,一会儿,侯小急和金豆豆就被笑嘻嘻和田心赶超了。

"喂!金豆豆,你卖点力行不?这可是在伟大的西安城墙上比赛啊!别让古人笑话咱们。"

"我饿了,没力气。"金豆豆卖惨。

侯小急可累坏了,金豆豆实在太重,他一个人根本骑不动。

这时候笑嘻嘻已经到终点了,她看到金豆豆骑不动了,就喊:"快点骑过来呀!这边城墙下有好吃的肉夹馍。"

"肉夹馍!"金豆豆听了这三个字,突然来了精神。

他一会儿就骑了过

来，忙问："肉夹馍在哪儿？"

笑嘻嘻指着城墙下的一个店铺说："就在那儿。"

金豆豆喜出望外，直接冲下城墙，奔着肉夹馍而去。

西安的肉夹馍真是太好吃了，金豆豆一口气吃了3个，外加一碗羊汤。

侯小急对"裤带面"特别感兴趣，也吃了一大碗。

笑嘻嘻和田心则吃了羊肉泡馍和陕西凉皮。

吃完了，大家异口同声说："西安美食太好吃啦！"

第二天，大家去看了被誉为世界八大奇迹之一的西安兵马俑。

来到兵马俑一号坑，只见在地下5米深处，整齐地排列着上千个真人大小的士兵。

因为在土里埋藏了两千多年，出土后被氧化，所以身上原来的彩釉都脱落了，取而代之的是浑厚的古铜色。

这些士兵一个个威武雄壮，排成3列横队，结成军阵。后面紧接着是步兵与战

车，气象森严，令人望而生畏。

离开一号坑，来到了二号坑。这里有如真马大小的陶马32匹。陶马4匹一组，拖着木质战车。

兵俑们有的身穿战袍，有的身披铠甲，手持青铜兵器。组织严密，队伍齐整。几十匹战马好似昂首嘶鸣，攒蹄欲行。就像马上要冲锋陷阵一样，只要听到一声号令，就奋勇向前。

侯小急小声说："金豆豆，你看，那个兵马俑特别像你哎！"

金豆豆看了看说："像你还差不多。"

侯小急说："这里的陶俑都和真人一样大小，而且制作得栩栩如生，据说每个人都能从里边找到自己呢！"

"可惜，没有一个像我们。"笑嘻嘻指着自己和田心说。

金豆豆笑着说："那当然，那个时代的士兵没有女的嘛！"

伙伴们一边听着介绍，一边被兵马俑震撼到了，一直到出了景区，内心都久久不能平静。

接下来，大家还去了西安碑林、大雁塔和大明宫旧址等景区，这才恋恋不舍地离开了陕西省。

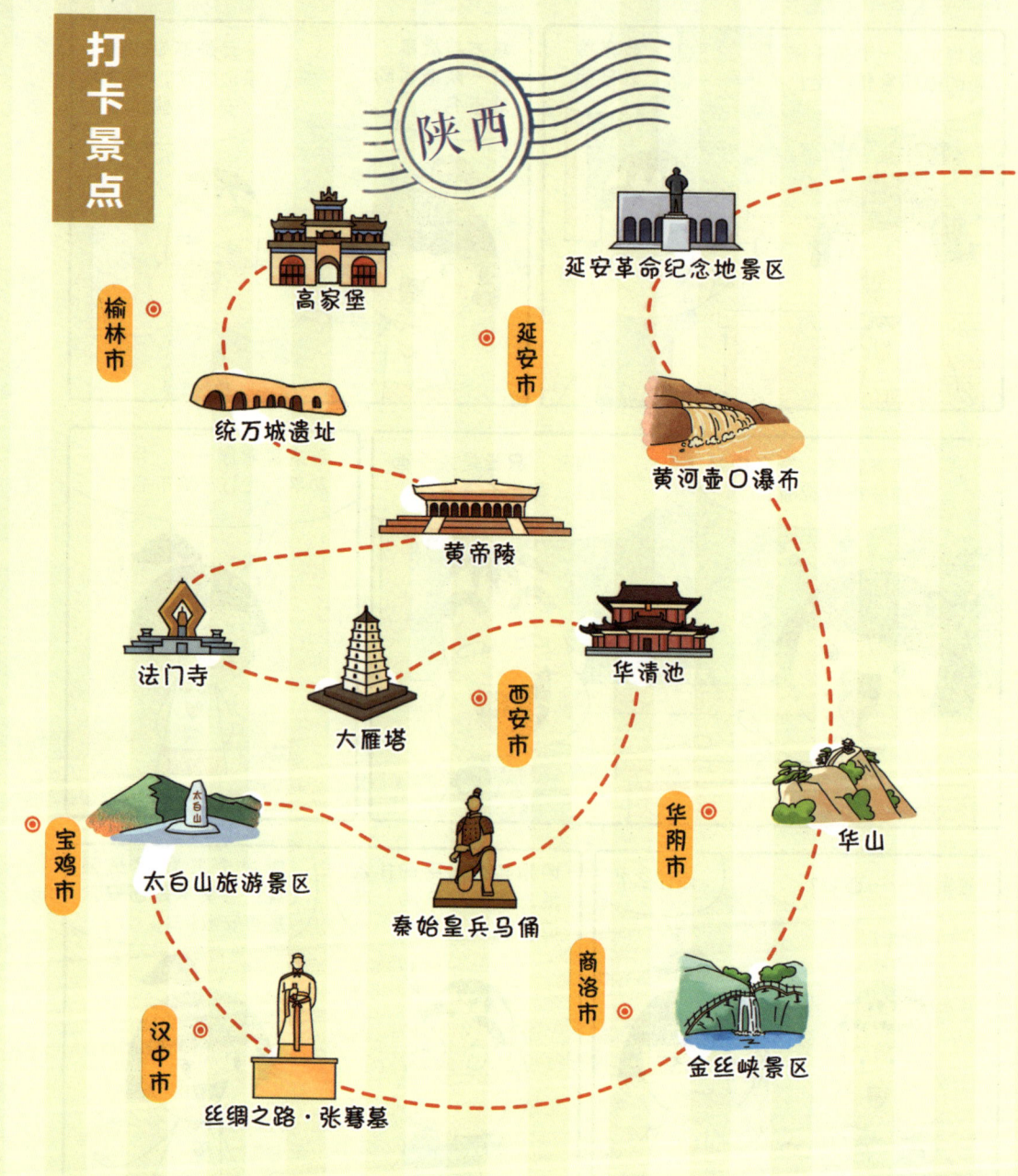

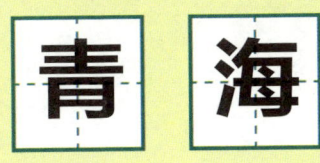

研之有旅 ●●●

诗词伴我行

从军行七首·其四

　　　　　　唐·王昌龄

青海长云暗雪山，孤城遥望玉门关。
黄沙百战穿金甲，不破楼兰终不还。

地域风情 ●●●

青云之上，大河故乡

　　导语：青海省，简称"青"，省会是西宁市，位于中国西北内陆。因有国内最大的内陆咸水湖——青海湖而得名。青海省是长江、黄河、澜沧江的发源地，故被称为"江河源头"，又称"三江源"，素有"中华水塔"之美誉，是连接西藏自治区、新疆维吾尔自治区与周边省、区、市的纽带。

旅游故事

"开心旅游团,青海在眼前。"

笑嘻嘻举着小旗子,站在青海省西宁市的机场,对刚下飞机的金豆豆、侯小急和田心开心地说:"这次,我们要游遍青海省啦!大家准备好了吗?"

"准备好啦!"伙伴们开心地回答。

"好的,出发。"笑嘻嘻带着队员们背着行李,开始了旅程。

第一天,他们乘车去青海的塔尔寺,这是一座非常古老的寺庙,其中有一座大殿的房顶全部是用金子做的,金碧辉煌,特别雄伟。

"知道为什么这里叫作塔尔寺吗?"侯小急问笑嘻嘻。

"是因为先有塔后有寺呀!"笑嘻嘻回答。

"哎呀!什么也难不倒你。"侯小急心有不甘。

"我还知道塔尔寺的三绝呢。"笑嘻嘻继续说。

侯小急赶紧抢着说:"我也知道,是油塑、壁画和堆绣。"

金豆豆竖起大拇指说:"侯小急,你真棒,这些都知道。"

侯小急非常得意,晃着脑袋说:"哥就是这么博学,你要学着点儿。"

你这叫现学现卖。

田心立刻指了指一旁的景点介绍说:"什么呀,你刚才瞄了一眼这块景点介绍,就是现学现卖而已。"

侯小急一看露馅,赶紧跑开。

从塔尔寺出来,大家

就到了美丽的青海湖。

青海湖是我国第一大内陆咸水湖，湖边有大片的草场，草场上还有黄绿相间的油菜花地。这些菜地铺在大地上，像一块块黄绿色的大毛毯。

站到青海湖畔，看着清澈的蓝天和远山底下湛蓝的大湖，风景真是美极了。

微风拂过湖面，湖水荡漾开来，一群白鸥在空中飞着，叫声清脆，好像是在和大家打招呼。

这引起了田心和笑嘻嘻极大的兴致，她们刚想走近一点，观察这些美丽的鸟。谁知侯小急竟然大声作起了诗：

"青海湖呀大又大，能把蓝天都装下。

青海湖呀美又美，准保你来了不后悔。"

他刚念了两句，就见不远的草丛里，"扑棱棱"地飞出了几只五颜六色的野鸟，在空中盘旋而上。

"喂，侯小急你干吗！我们还没走近，你就把鸟吓跑啦！"

"我给青海湖写诗呢！真是的，这些鸟真不够朋友，竟然不听完就飞走了。"侯小急噘着嘴说着，对自己的诗无人理会大感失落。

"你那么大声，鸟儿以为你要抓它们呢！肯定被吓跑啦！"

"明明是鸟儿没文化，你们偏认为是受了我的惊吓，我跟你们真是无法对话，从此不理你们各找各妈。"侯小急生气地一屁股坐在地上，说出来

的话竟然还能凑成顺口溜。

离开青海湖,大家来到了向往已久的祁连山大草原。

祁连山大草原,坐落在巍峨的祁连山下。

抬头远望,草原无边无际,好像一片绿色的海洋。草原中静静地流淌着一条河,那条河在草原上如盘绕的银龙,与草原相依偎着。

到达草原后,一群羊在一只又肥又高的羊的带领下远远地朝大家走来,"咩咩"的叫声好像在说"欢迎,欢迎!"

笑嘻嘻看着这些小羊,开心地说:"哇!小羊太可爱啦!好想去和它们握握手啊!"

田心也说:"小羊太萌啦!我好想摸一摸它们啊!"

侯小急说:"错,小羊这么萌,骑一骑才爽啊!"

"哼!你就会欺负小羊!"田心批评侯小急。

"哎?金豆豆呢?"

"我在这里。"金豆豆在远处招手,只见他正在帮牧民叔叔架起烤炉。

善良的田心忍不住说:"这些小羊多可爱啊!要吃它们,那太残忍了。"

可是,当一盘盘切好的羊肉摆在大家面前时,香香的味道就连田心也抵挡不住了,夹起一大块塞进嘴里。特别软,特别嫩,香香的味道勾走了魂。大家吃了一块又一块,不一会儿,整只羊就被伙伴们消灭光了。

青海真美啊！大家回忆着一座座高耸入云的雪山，一朵朵洁白无瑕的白云，一片片白如镜面的盐湖和无边无际的绿色大草原，还有一群群无忧无虑的牛羊，心里都恋恋不舍，商量着下一次什么时候还要再来一趟呢！

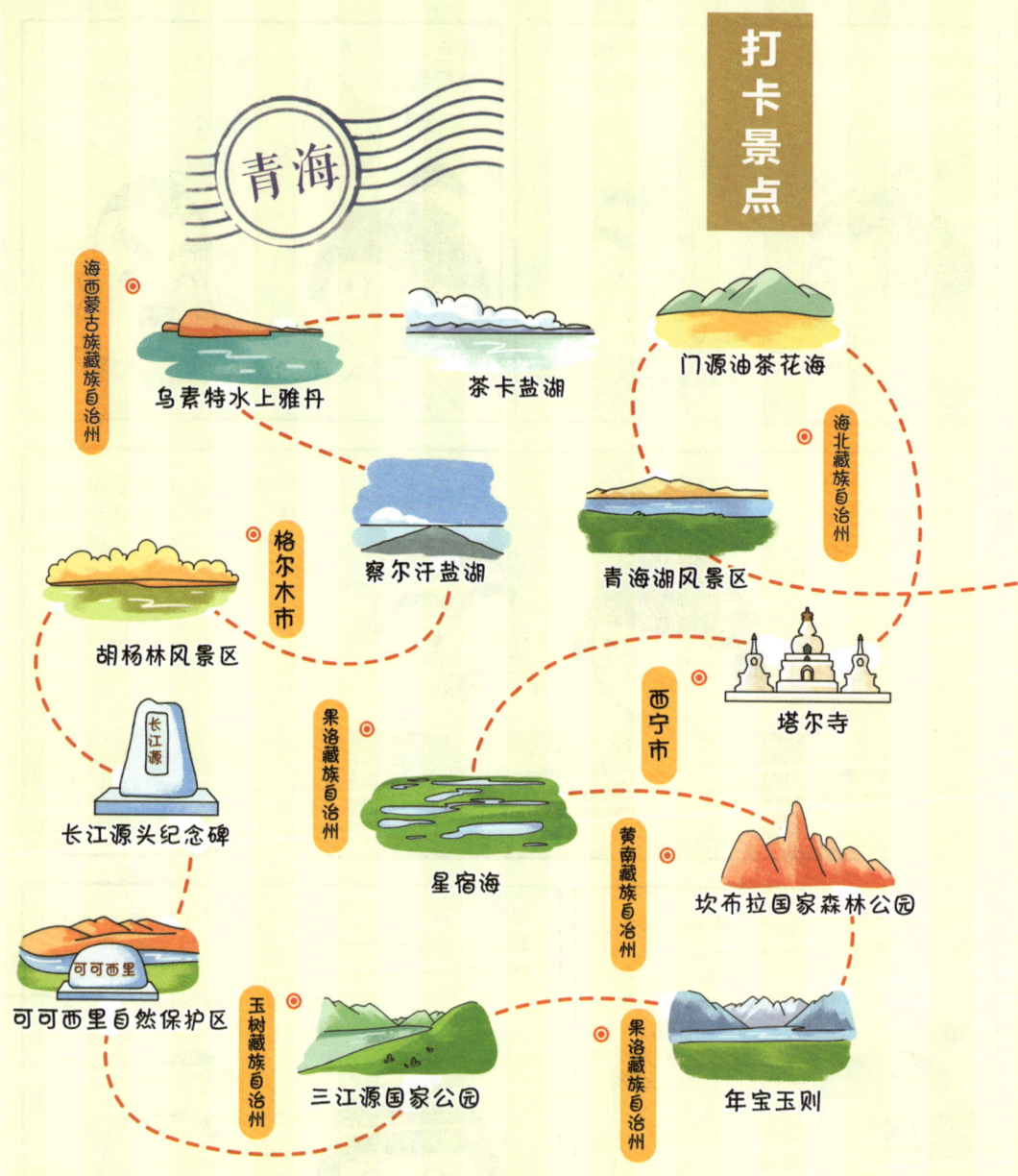

西 藏

研之有旅 ●●●

诗词伴我行

横吹曲辞·出塞

唐·王维

居延城外猎天骄,白草连天野火烧。
暮云空碛时驱马,秋日平原好射雕。
护羌校尉朝乘障,破虏将军夜渡辽。
玉靶角弓珠勒马,汉家将赐霍嫖姚。

地域风情 ●●●

冰雪高原、世界屋脊

导语:西藏自治区,简称"藏",首府是拉萨市。西藏是中国五个少数民族自治区之一,位于中华人民共和国西南地区,青藏高原西南部,海拔在4000米以上,素有"世界屋脊"之称。

旅游故事

这次,开心旅游团要去的是西藏。

笑嘻嘻和田心早就想来西藏啦!她们对高原上的圣湖仰慕已久。侯小急和金豆豆则最喜欢雪山,尤其是喜马拉雅山。

大家乘坐汽车前往西藏,车一进入高原,眼前出现一望无际的草原和山脉。

"看,那是牦牛。"侯小急指着前方叫道。

"哇塞,这牦牛的毛又厚又多,像是身上披着一张大毛毯。"田心赞叹。

笑嘻嘻说:"是呀!高原气温较低,毛必须长多一点才能抵御寒冷。"

"金豆豆,你不觉得青藏高原的风景很美吗?"大家问还没发言的金豆豆。

金豆豆还是不说话,只是在不断地抿嘴。

侯小急说:"别问他啦!他肯定在想牦牛做的牛肉干是什么味道。"

金豆豆立即说道:"你这么了解人家,我会不好意思的。"

好吧！这个大胃王果然时刻惦记着吃。

没多久，大家来到"纳木错湖"，"纳木错"是天湖的意思，湖水像镜子一样，倒映着蓝色的天空，仿佛一颗精美的宝石。

在湖边，有好多用石头垒成的石堆，这些石堆是祈福用的，叫玛尼堆。

玛尼堆在西藏及青海、云南等藏族同胞聚居地区的山间、路口、湖边、江畔，几乎都可以看到。

笑嘻嘻和田心祈福完，侯小急和金豆豆也有样学样地膜拜起来。

听侯小急口中念念有词："请佛祖神仙一定保佑我，考试全及格，零用钱花不完，上课被老师表扬，下课玩得开心。我在这里谢谢佛祖，thanks佛祖了呀。"

听了他的祈祷词，笑嘻嘻问道："侯小急，你的祈祷里怎么还有英语？"

侯小急回答："不懂了吧！这说明我许愿虔诚，中外的佛祖都会保佑我。"

田心摇摇头："我们这是向湖神祈福，不是佛祖，你真是文盲。"

谁知刚说完，就听金豆豆祈福说："请食神、美味星君、灶王神保佑我，天天吃好吃的！年年长不胖，零食多又多，最好有一火车。"

大家被金豆豆给逗笑得前仰后合，打趣儿说："刚跟侯小急说在这里只有湖神显灵，你拜哪门子食神啊！"

金豆豆却说："你们就希望大神们显灵吧！我的零食你们也有份。"

好吧！人多很热闹，大家叽叽喳喳就是这么欢乐。这大概就是开心旅游团的特点，经常找乐子，互相不嫌弃。

离开了圣湖，接下来，大家去看珠峰。

它是世界第一高峰，海拔8848.86米。远远地望去，它傲然挺立，散发着寒冷

而威严的气息。侯小急对大家说："等我长大了，也要来攀登珠峰，挑战人类极限，我这个人善于挑战极限。"

笑嘻嘻说："你确实善于挑战极限，在学校里就经常挑战老师们的极限。"

接下来，大家到了西藏的首府——拉萨。到了这里，布达拉宫就在眼前啦。

布达拉宫高大巍峨，是一座融宫堡和寺院于一体的古建筑群，它建在红山上，缘山而上，依势而起，整个建筑从平地直达山顶。

宫殿的整体布局，把红宫、白宫和"雪山"由上而下分作三个层次纵向排列，充分体现了藏传佛教的"三界"之说。

沿着台阶一步一步往上爬，一步一步走进布达拉宫。这里的殿室共有1000多间，里边放置着历代达赖喇嘛的灵塔，数不清的经文，众多的壁画，珍贵无比。引起伙伴们不住地赞叹。

出了布达拉宫，金豆豆又开始喊饿了，于是大家一起去吃藏族的美食。

藏族的主食和饮料主要是糌粑、肉食、奶制品、酥油茶和青稞酒。糌粑是藏族特有的一种主食，是用青稞炒熟后磨成的细粉拌和酥油茶，然后用手捏成团直接吃。

吃饱喝足，亲切的藏族人还给大家献上了洁白的哈达。

献哈达是藏族最普遍的礼节，婚丧、节庆、乔迁，拜会尊长，朝拜佛像，送别远行等，都有献哈达的习惯。

经过这次西藏旅行，大家都深深地爱上了这里。

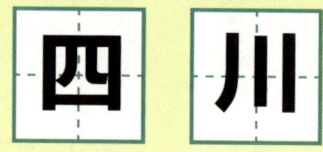

研之有旅 ●●●

诗词伴我行

春夜喜雨

唐·杜甫

好雨知时节，当春乃发生。
随风潜入夜，润物细无声。
野径云俱黑，江船火独明。
晓看红湿处，花重锦官城。

地域风情 ●●●

天府之国、沃野千里

导语：四川省，简称"川"或"蜀"，省会是成都市，位于中国西南地区内陆，地处长江上游，素有"天府之国"的美誉。四川省为中国道教发源地之一，古蜀文明发祥地，全世界最早的纸币"交子"出现地。四川盐业文化、酒文化源远流长，三国文化、红色文化、巴人文化精彩纷呈。

旅游故事

早上,侯小急无精打采地来找伙伴们写作业。

笑嘻嘻问:"侯小急,你没睡好吗?熊猫眼都出来了。"

"侯小急你肯定昨晚通宵打游戏了。"金豆豆猜。

"没有,我是昨天晚上看地理书看的,所以才没睡好。"

"哇塞!侯小急你现在这么爱学习啦!"田心惊讶。

"那必需的,我要成为地理小天才。"

"侯小急,别熬夜了,学习要合理安排时间,要不然你会成为大熊猫的。"大家提醒。

"大熊猫多好,那是国宝,快快,你们过来给我这个国宝捏捏腿,按摩一下肩膀,我现在腰酸背疼极了。"侯小急大言不惭地说。

"说你能,你还喘上了,熊猫可没你这么懒。"

"你们又没见过,怎么知道?"

"那我们这就去见一见好啦!"笑嘻嘻说,"咱们这就去一趟四川,去看一看是大熊猫的眼圈黑还是侯小急的眼圈黑。"

"太好啦!现在出发。"侯小急跳起来说,他最喜欢去旅游啦!

"哎,侯小急,刚才你不是还腰酸背疼吗?"

"要去旅游和研学,当然就精神啦!"侯小急嬉皮笑脸起来。

真没想到侯小急现在这么爱学习,不过,金豆豆和田心也超级喜欢旅游。

在笑嘻嘻的带领下,大家顺利来到了四川省成都市。

"走吧!我们先去看都江堰。"笑嘻嘻说。

"不是看大熊猫吗？"侯小急眉头拧成小疙瘩问。

笑嘻嘻介绍："四川可不止有大熊猫哦！还有很多值得去的地方呢！比如都江堰，就是一个雄伟浩大而又古老的水利工程，看了绝对震撼到你。"

听了笑嘻嘻这么说，大家都特别期待。

就这样，大家前往都江堰。

走进都江堰景区，大家先来到伏龙观。这里供奉着都江堰的建造者——李冰，在观内有一尊东汉年间的李冰石像，特别珍贵。

看了李冰的介绍，大家感叹：李冰实在太伟大了，是他让成都变成了沃野千里的天府之国。

接着，大家去看李冰最完美的作品——都江堰。

都江堰工程将岷江水流分成两条，其中一条汇入长江，另一条水流引入成都平原，这样既可以分洪减灾，又达到了引水浇田、变害为利的目的。

都江堰水利工程由鱼嘴分流堤、飞沙堰溢洪道和宝瓶口引流工程三大部分组成。它科学地解决了江水的自动分流、自动排沙、控制进水流量等问题。

侯小急听说宝瓶口是人们一点一点开凿出来的，张大嘴巴说："哇，那个山上全都是石头哎！古代没有挖掘机，怎么挖开的呀？"

金豆豆一边吃着干脆面一边说："我猜是用推土机推开的。"

侯小急问："古时候连挖掘机都没有怎么会有推土机呢？"

金豆豆挠挠头："那会不会是变形金刚来帮忙呢？"

侯小急说："要你这么说，也有可能是孙悟空，他比变形金刚厉害。"

"还有可能是奥特曼呢！奥特曼比孙悟空牛。"

"外国动画片里的人物再牛也打不过《西游记》里的。"

"哼！钢铁侠就是牛，他吹口气儿就能把山砸开。"金豆豆算是和侯小急杠上了。

"你怎么不说他用屁蹦的呢？"侯小急坏笑道。

"你说话太恶心啦！我还在吃东西呐！"金豆豆抗议。

笑嘻嘻赶紧止住他俩的胡言乱语，解释说："告诉你们吧！古时候根本没有什么超级英雄，只有智慧。聪明的李冰先用火把岩石烧热，再泼上凉水，岩石就会因冷热不均而裂开。"

"好厉害啊！"金豆豆赞叹。

侯小急笑着说："厉害吧！要是你，只能想到用火烧红薯。"

金豆豆不服气说："哼！你还不是一样，你只会用火点二踢脚。"

笑嘻嘻说："你们别争吵，要好好学习，特别是学习古代人的精妙智慧。"

侯小急和金豆豆都点头。

参观完了都江堰，大家还去了武侯祠、青城山和汶川特别旅游区。特别是在汶川，伙伴们参观了地震纪念馆，还给地震中的遇难者献了鲜花。

侯小急说："我长大后要当地震科学家，保护人们的安全。"

大家都为他点赞，夸他有志气。

最后一天，伙伴们参观了熊猫基地。终于看到了可爱的熊猫，它们长得胖乎乎的，仿佛"穿"了一件黑白相间的"外套"，鼓着又大又圆的肚子，就是个胖墩儿。雪白的脸庞上长着两只黑亮的眼睛，又大又黑的眼眶，就像戴了一副墨镜似的。那样子特别憨态可掬，可爱极了。

侯小急比较了一番说："看吧！我就说我的眼圈可没这么黑。"

笑嘻嘻说："那是你这几天旅游，吃得好睡得好，你要是继续熬夜，将来就是熊猫这样。"

听了这话，侯小急再也不熬夜了。

这次四川之行完美结束，伙伴们既开阔了眼界，又增长了知识，并且收获了许多快乐。

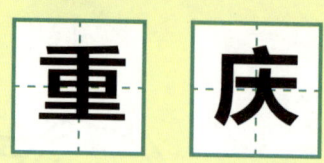

研之有旅 ●●●

诗词伴我行

早发白帝城
唐·李白

朝辞白帝彩云间，
千里江陵一日还。
两岸猿声啼不住，
轻舟已过万重山。

地域风情 ●●●

巴山夜雨、山城锦绣

　　导语：重庆市，简称"渝"，别称"山城"，是中华人民共和国直辖市之一、超大城市，国务院批复的国家重要中心城市之一、长江上游地区经济中心，国家重要先进制造业中心、西部金融中心、西部国际综合交通枢纽和国际门户枢纽。

旅游故事

"朝辞白帝彩云间,千里江陵一日还。"侯小急又在念古诗了。

笑嘻嘻问:"侯小急,你知道这首诗里,李白是从哪儿去哪儿的吗?"

侯小急说:"当然啦,这是从白帝城下江南。"

"那白帝城在哪儿你知道吗?"

"这个……"侯小急有点答不上来,他想了想说,"我猜白帝城在彩云上边,这可不是我说的,是李白说的,朝辞白帝彩云间嘛。"

笑嘻嘻摇摇头:"李白那是比喻,白帝城要是真的在彩云间,那恐怕要坐飞机才能上去。"

"那你说白帝城在哪儿?"

"在重庆。"

"原来是重庆啊!那李白是不是比喻重庆像一座在彩云上的城市呀?"

"这个……"笑嘻嘻也不知道怎么形容,就说,"这样吧,我们去一趟重庆,实地考察一番如何?"

"好好好!"侯小急特别赞同。

于是开心旅游团继续出发,前往重庆。

大家选择走水路,从武汉坐船去重庆。

他们乘坐的游船,先在湖北宜昌穿过举世闻名的三峡大坝,然后到了长江三峡和白帝城。

白帝城,位于重庆市奉节县,地处瞿塘峡口长江北岸,是座历史文化古城。

走进古城大门,映入眼帘的是一座座连绵不断的山峦。

走过一座桥,爬完四百级台阶,就是白帝庙了。

抬头一望,白帝庙整个建筑为白色,门顶上面刻着几个龙头,古色古香。中间的一块大大的门牌上刻着"白帝庙"三个字。

爱看历史书的笑嘻嘻说:"白帝城在三国里非常有名,刘备在这里托孤。"

金豆豆听了,问:"刘备爱吃香菇?"

"嗯?为啥是香菇?"

"托菇,不是托着香菇吗?"

"什么香菇,跟这个八竿子打不着。"侯小急说了金豆豆。

金豆豆点点头："不是香菇啊！那是猴头菇？"

侯小急都无奈了，飞快地说："还有你大姑、二姑、三姑呢！人家说的是刘备临死的时候，让诸葛亮帮忙照顾儿子，治理蜀国的事儿，不是讨论什么香菇、猴头菇。"

"哦！"这次金豆豆使劲儿点点头，好像是明白了。

侯小急对金豆豆这个文盲真是很无奈，刚要转身往前走，谁知金豆豆又拽住了他胳膊问："那你知道诸葛亮爱不爱吃蘑菇？"

"啊！金豆豆，你这个吃货，不要烦我啦，诸葛亮才没有像你一样，天天想着吃吃吃。"

大家一边讨论一边走进庙殿，看到了刘备、关羽、张飞和诸葛亮等人的彩色塑像，还有其他各个历史时期的古迹。

侯小急站在白帝城上俯瞰着长江，对笑嘻嘻说："李白当年肯定像我们一样，游览了这里的美丽风光和古迹，才心满意足地前往江陵。"

笑嘻嘻点点头,看来侯小急是完全弄懂李白为什么写这首诗啦!

游览完白帝城,接下来大家向前行进。重庆依山而建,号称"山城",又因为多雾,又称"雾都"。

重庆不仅风景好,美食也多,特别是夜晚的重庆最具有魅力,有"小香港"之称。

说起重庆美食,金豆豆如数家珍。

他带着伙伴们来到一家火锅店,这里的火锅用九个格子隔开,称作"九宫格火锅"。

锅里放了许多辣椒,不过没想象中的那么辣。另外还有红油抄手、牛肉小面、凉糕等小吃也十分诱人,大家都品尝了个遍。

吃完大家赞叹:重庆不仅魅力十足,还有许多美食,这里真是一座让人流连忘返的城市啊!

云 南

研之有旅

诗词伴我行

送云南上人

宋·释行海

雁云蛮雨异乡秋,闻道君家水石幽。
时节飘零盘去好,路歧南北使人愁。

地域风情

香格里拉,彩云之南

导语:云南省,简称"云"或"滇",省会是昆明市,这里总面积39.41万平方千米,居全国第8位。云南省地跨长江、珠江、红河、澜沧江、怒江、大盈江6大水系,动植物种类数为全国之冠,素有"动植物王国"之称。云南省是全国各省级行政区域里民族种类最多的省份,世居少数民族有25个。

旅游故事

人们都说,云南气候宜人,风景秀丽,犹如人间仙境。

最近,开心旅游团的伙伴们又行动了,来了一场说走就走的云南之旅。

第一站——大理。

笑嘻嘻介绍道:"大理古城有千年的历史,它坐落在苍山下洱海旁,被称为'高原明珠'。"

侯小急问:"洱海是海吗?"

笑嘻嘻回答:"洱海是一个很大的湖,它位于苍山脚下。当时住在这里的白族人没有见过海,看到洱海很大,就称这里为海啦!"

"那它一定长得像耳朵喽?"金豆豆问。

"这次你答对啦!"笑嘻嘻点点头。

侯小急连忙蹦过来说:"喂,金豆豆,你还没说像猪耳朵还是牛耳朵呢?"

金豆豆不服气地说:"像你耳朵啦!"

"你怎么知道?"

"你不会看地图吗?"

好吧！这两个家伙总是又吵又闹。

说到洱海，大家决定先登上游船，坐船游览一番洱海的风光。

站在船头，极目远眺，天空湛蓝，远处的群山在云雾里若隐若现，仿佛身穿白纱的仙女在借洱海这面镜子梳妆打扮呢。

上了岸，大家开始游览历史悠久的崇圣寺三塔。

崇圣寺是唐宋时期南诏国有名的佛寺，而三塔就直立在寺前，不过现在崇圣寺已经毁了，只留有三座高塔矗立在洱海边。

三塔背后，有一块石头，名叫"蛙鸣石"，石上有两个小洞，只要用石头向小洞用力凿三下，就会听到呱呱的蛙叫声。

侯小急知道了，蹦过去要试一试，他将信将疑地凿了三下，竟然传来三声狗叫。

"嗯？不是叫作蛙鸣石吗？"侯小急再凿了三下，这回竟然是猫叫。

侯小急惊诧不已："说好的蛙叫呢？怎么回事，蛙被猫和狗吃了？"

一抬头，田心和笑嘻嘻正捂着嘴笑呢！

侯小急瞬间明白了，肯定是笑嘻嘻和田心在恶作剧。他凿的时候，她们就学狗和猫的叫声。

侯小急正想怎么来回敬她俩，这时，远处真的传来一阵蛙叫声。原来是金豆豆，他正在凿石孔呢。

"为什么有青蛙的叫声呀？"金豆豆不解地问。

笑嘻嘻解释:"这是由于三塔的回音造成的。"

金豆豆听到答案说:"我多么希望听到烤鸡的叫声啊!"

侯小急叫道:"金豆豆,拜托你说话带点脑子,鸡是熟的,还能发声吗?"

笑嘻嘻笑着说:"侯小急,金豆豆那是饿了。"

金豆豆腼腆地说:"是的,玩了一天,早就饿了。"

"那我们去大理城吃美食去。"笑嘻嘻提议。

大理古城有古色古香的街道,街道两旁有好多当地小吃。这里最好吃的是过桥米线和鲜花饼。

金豆豆一个人吃了三碗,侯小急说:"三碗不过冈,你可不能再吃啦!"

金豆豆说:"我又不去打老虎,我还要吃。"

好吧!金豆豆这个大胃王,又要破纪录了。

接下来,大家去的是石林。

石林风景区名列中国八大地质公园之一，素有"天下第一奇观"的美称。

这儿的地貌属于典型的喀斯特地貌，在全世界是罕见的。

沿着羊肠小道步行，伙伴们来到了整个石林的标志性景观。一块巨石耸立在平地上，巨石中央篆刻着两个红色大字——石林。

金豆豆，看着石林竟然抿了抿嘴。

"金豆豆，你不会要把石林吃了吧？"

"石头那么硬，我怎么能吃得动呢！我就是觉着这些石头像牛肉干。"

好吧！金豆豆是真行，看着风景还能想到吃的。

越往里走，石峰越密集，小路极多，更令人觉得这石林阴森神秘。

侯小急蹦蹦跳跳在前面带路，金豆豆走不动，看到侯小急跳得欢，在后边喊："猴哥，你慢点儿。"

侯小急也不在意，顺着话茬接着说："八戒，你快点儿呀！要不然会迷路的。"

笑嘻嘻和田心捂着肚子笑，这两个活宝，走到哪里都能搞笑。

后来，大家还去了丽江古城和玉龙雪山，最后在香格里拉完成了美丽的云南之旅。

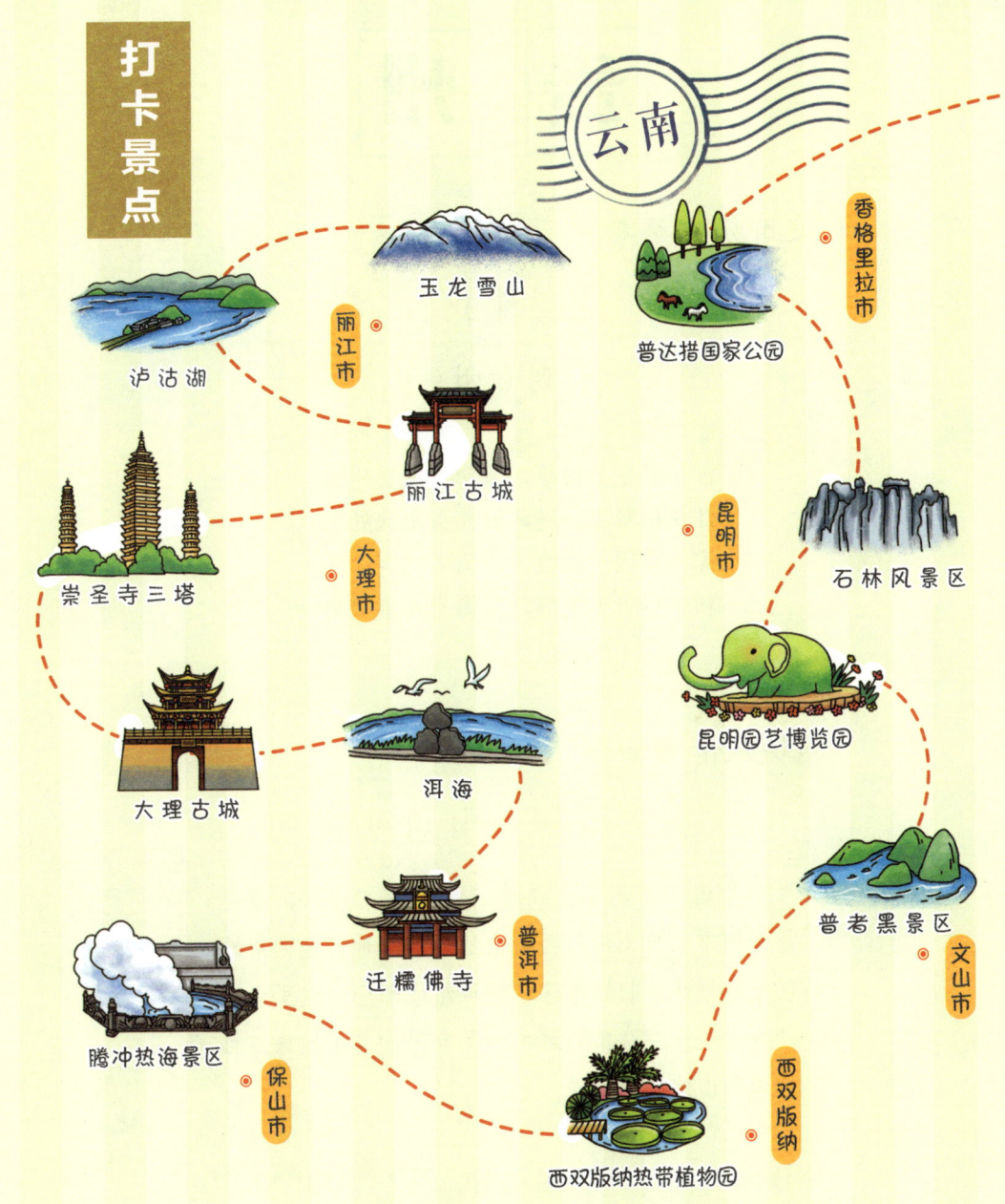

研之有旅 ●●●

诗词伴我行

到贵州

宋·赵希迈

涉历长亭复短亭,兼旬方抵贵州城。
江从白鹭飞边转,云在青山缺处生。
家务每因官事废,诗篇多向客途成。
耕桑尽自无荣辱,却悔当年事短檠。

地域风情 ●●●

千户苗寨、山川纵横

导语:贵州省,简称"黔"或"贵",省会是贵阳市。贵州地处西南内陆地区腹地,是西南地区交通枢纽,长江经济带重要组成部分。这里素有"八山一水一分田"之说,是世界知名山地旅游目的地和山地旅游大省。

旅游故事

笑嘻嘻和侯小急在玩地理小知识问答。

笑嘻嘻问:"你知道中国最大的瀑布在哪里吗?"

侯小急想了想说:"肯定是庐山瀑布。"

"那是最有名的瀑布,不是最大的瀑布。"

"庐山瀑布竟然不是最大的,那你告诉我哪个瀑布是最大的?"

"答案是黄果树瀑布。"

"还有这个瀑布,都没听过呢!"

"百闻不如一见,那我们直接去看看好啦!"笑嘻嘻提议。

"好呀!"这个提议即刻得到了开心旅游团小伙伴们的一致同意。

笑嘻嘻看到大家热情高涨,立即宣布:"黄果树瀑布在贵州省,这次我们就去那里,来一场贵州研学之旅吧!"

黄果树风景名胜区位于贵州省安顺市,大家来到景区山脚下,就听到"哗哗"的水声。

侯小急立刻跳起来说:"瀑布就在前面啦!我都听到啦!"

这是他曾经去庐山瀑布的经验,因为瀑布的水是倾泻而下的,所以会冲击到下边水潭,发出"哗哗"的流水声。

笑嘻嘻说:"那你这个小雷达就在前头带路吧!"

金豆豆说:"还等什么,你是孙猴子,快架着筋斗云飞过去吧!"

侯小急反击:"你这个猪八戒,可别掉队哦!"

他们说说笑笑,没多久就到了瀑布底下。

向前望去,一条瀑布悬挂在山中,真的像一匹水流做的布一样。

"真是'飞流直下三千尺,疑是银河落九天'啊!"侯小急惊叹。

笑嘻嘻不同意,说:"这又不是庐山瀑布,没那么高,再说庐山瀑布像一条线,黄果树瀑布的特点是宽大,像画布。"

田心说:"应该是飞流直下三千尺,疑是画布落眼前。"

金豆豆笑着说:"要我说啊!应该是飞流直下三千尺,疑是无数大薯片。"

"金豆豆,我们是观赏美景,你别又想着吃呀!"

说话间,大家来到瀑布眼前。宽100多米,高80多米的大瀑布壮观极了。

走近一看,水流如同千万匹骏马奔腾而下。顿时,大家身上都被淋湿了。虽然衣服被打湿,但大家还是很开心呢!

再往前走,大家到了有"水帘洞"之称的大水洞。穿过布满青苔的小路,里边一个硕大的石洞出现在眼前。

走进洞内,大家发现了许多美丽的石头。这些石头形态各异,有的像娃娃,有的像动物,有的像瓜果,有的像圆球。

金豆豆问侯小急:"你是不是有一种回家的感觉啊?"

侯小急问:"啥意思,什么回家的感觉?"

"这是水帘洞啊!不就是你这只猴子的家嘛!"他又拿侯小急是孙猴子这个梗来打趣儿。

田心也参与进来:"这不是花果山,怎么能是侯小急的家呢!"

侯小急也不在乎,笑着说:"也不能这么说,这只是我的二套房,你喜欢就送给你,反正挺适合你们这些小妖怪来住。"

"侯小急,你这只猴子不也是妖怪吗?"

"我跟你们不一样,我能大闹天宫,西天取经,我是高级妖怪……"

大家互相调侃着,慢慢走出了水帘洞。

黄果树瀑布是由姿态各异的十几条地面瀑布和地下瀑布组成的瀑布群,大家逐一看完才奔往下一个景区——千户苗寨。

千户苗寨位于贵州省黔东南苗族侗族自治州,由十余个依山而建的自然村寨相连而成,是目前中国乃至全世界最大的苗族聚居村寨。

伙伴们走进苗寨,一眼便看到成群耸起的吊脚楼。

田心不住地赞叹:"这吊脚楼实在太神奇了,房子全是用木材架起来的。"

侯小急挠挠头:"吊脚楼啊吊脚楼,我还以为是吊起来的呢!"

笑嘻嘻解释:"这里的吊脚是悬空的意思,房子建成这样,有防潮防虫的作用。"

田心不仅对吊脚楼感兴趣,还对苗族的服饰赞不绝口。

金豆豆的兴趣还是吃,他开心地说:"太好啦!咱们可以吃到千人长桌宴啦!"

好奇宝宝侯小急问:"什么是千人长桌宴呀?"

笑嘻嘻解释:"每当重要节日来临,这里的人们都要做宴席庆祝。近百米的长桌会坐满客人,苗族姑娘会穿戴着民族服饰,苗族人端上美味佳肴,边舞边唱。"

侯小急最喜欢热闹,叫道:"我要参加,我要参加。"

当天,他们幸运地参加了宴会,吃到了腊饼、苗王鱼、黄粑等好多苗族美食。还看到了苗族人载歌载舞的民族表演,不仅大饱口福,还大饱了眼福。

田心忍不住说："美丽的贵州我爱你。"

侯小急说："好玩儿的贵州我爱你。"

金豆豆说："好吃的贵州我爱你。"

笑嘻嘻说："金豆豆，你千万别把贵州吃掉，下次我们还要来玩呢！"

金豆豆挠挠头："我是说贵州的美食，贵州那么多美食怎么能吃得完呢。"

听了金豆豆的话，连邻桌的贵州朋友都乐了。纷纷举起了酒杯，邀请大家下一次一定再来贵州玩儿。

最后，大家恋恋不舍地离开了秀丽古朴、风景如画的贵州。

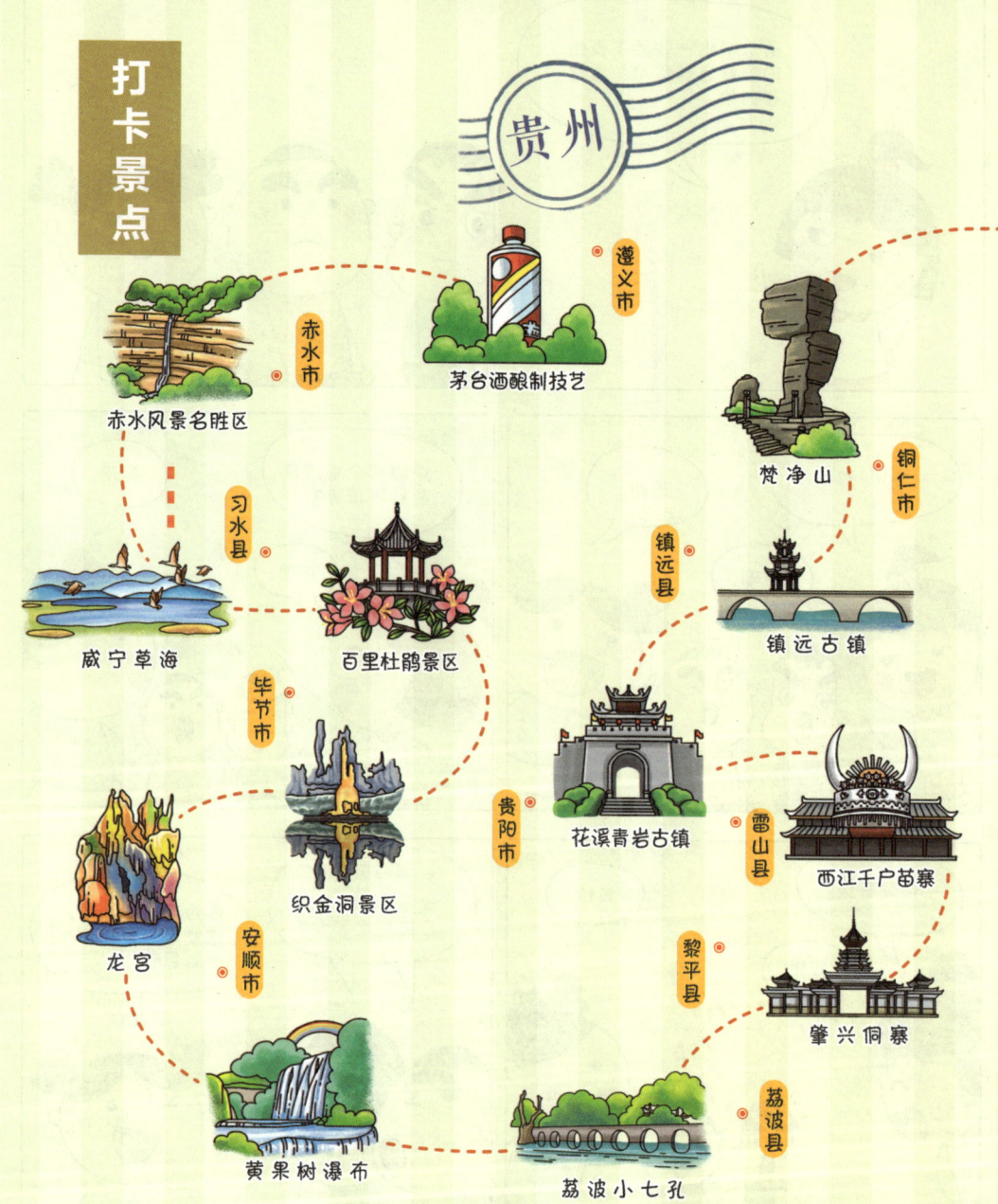

特别篇
TEBIE PIAN

澳门大三巴牌坊

香港维多利亚港湾

香港迪士尼乐园

台湾野柳地质公园

台湾澎湖列岛景区

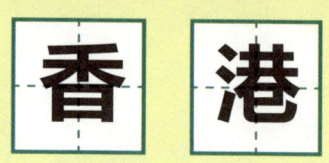

研之有旅 ●●●

诗词伴我行

七子之歌·香港

现代·闻一多

我好比凤阙阶前守夜的黄豹，
母亲呀，我身份虽微，地位险要。
如今狞恶的海狮扑在我身上，啖着我的骨肉，咽着我的脂膏；
母亲呀，我哭泣号啕，呼你不应。
母亲呀，快让我躲入你的怀抱！母亲！我要回来，母亲！

地域风情 ●●●

国际都市，贸易中心

导语：香港特别行政区，简称"港"，是一座高度繁荣的自由港和国际大都市，与纽约、伦敦并称为"纽伦港"，是全球重要的国际金融贸易、航运中心和国际创新科技中心，曾多年被GaWC（全球化与世界城市研究网络）评为世界一线城市前三位。

旅游故事

上周,开心旅游团去了香港,现在就讲一讲,开心旅游团在香港发生了哪些有趣的故事吧!

说到香港,就不得不提伙伴们的最爱——香港海洋公园,那里是一座集海陆动物、机动游戏和大型表演于一身的世界级主题公园。

公园最具特色的是海洋奇观,人们一进入其内部,首先映入眼帘的是一个清澈见底的大水池,五光十色的鱼儿在池子里自由自在地摆动尾巴,吐着泡泡。

如果人再往里走,突然会看到一只大海龟托着小海龟,小海龟身上还背着一只小小龟。它们像马戏团的叠罗汉表演者,好玩又悠闲。

田心赶紧掏出相机,拍下了这可爱的瞬间。

接着,伙伴们乘坐海洋列车去半山腰的"高峰乐园",天花板上的屏幕播放着海底才能看到的各种各样的生物:可爱的小丑鱼,五颜六色的海葵,令人眼花缭乱的"水母",还有调皮的海豚。

侯小急最喜欢这里啦！他叫道："我发现，我们变成鱼啦，在深不见底的海洋中畅快地遨游……"

正说着，一头凶猛的大白鲨就游了过来，吓得侯小急差点儿尿裤子。

出了主题公园，接下来，大家的目的地是香港的大屿山，这里拥有全世界最大的铜制佛像。爱玩的侯小急要金豆豆做模特，给金豆豆设计了各种动作，他自己则来做摄影师。一会儿让金豆豆弯腰，一会儿让金豆豆伸出手掌，一会儿让金豆豆拥抱空气。

拍完大家一看，都忍不住笑。

金豆豆哭笑不得地喊道："你让我弯腰，是让我背着铜像，让我伸出手掌是用手托着铜像，拥抱空气是抱着铜像啊！"

原来，侯小急用错觉，把金豆豆和铜像拍成了一组互动照片。他还在照片上加了表情和台词。

比如在金豆豆背着铜像的那张上面写着："古有猪八戒背媳妇儿，今有金豆豆背铜人儿。"

大家看完都笑得肚子疼。

下了大屿山，大家还去了浅水湾和蜡像馆，还坐了缆车，从空中俯瞰美丽的香港。

从缆车下来，大家到维多利亚港欣赏夜景。微风习习，轻轻拂面。两岸闪烁的灯光像满天的星星一眨一眨，高楼大厦的霓虹灯把繁华的城市照亮成比白天更亮更美的不夜城。香港太美了，美得让人忍不住地一直看啊看，逛啊逛。

甚至侯小急还忍不住唱起了粤语歌,唱着唱着,笑嘻嘻跟金豆豆说:"侯小急唱歌,你真配合他,还一个劲儿地给他打鼓助唱。"

金豆豆不好意思地说:"我那不是打鼓,我是肚子饿了在叫。"

原来是金豆豆肚子饿啦!大家也都感觉饿了。

吃点什么呢?

要说香港的夜市有许许多多好吃的,丰富极了。

当然小美食家金豆豆带着大家可劲儿地吃,他们吃了鲜虾云吞、叉烧、烧鹅,一直吃到肚子撑。

金豆豆说:"大家没吃够吧!明早我请你们体验香港早茶。"

说起早茶,是香港人的一种生活习惯。香港早茶一般从早上7点开到中午11点结束,大家来到早茶铺子,看到了很多老爷爷和老奶奶正在悠闲地喝茶聊天,还有些是高高兴兴的一家人,聚在一起点一壶茶和几笼小吃,能聊上几个小时呢!

找到一个位置，伙伴们迫不及待地坐下来。翻开菜谱，各种菜名映入眼帘，什么鱼茸炸茄子、三式饺、叉烧包……应有尽有，看得大家口水直流，赶紧点了一堆。

茶点终于上来了，有蒸饺、烧卖、汤包等等。

这些茶点大多是三个为一笼，在蒸汽中显得更加玲珑可爱。田心小心翼翼地拿起一个水晶虾饺，观察到虾饺的外皮是透明的，能够清楚地看到里面的虾。她轻轻地咬上一口，味道太棒了，嘴里鲜虾的味道立即散开来。

金豆豆陶醉在美食入口的感觉中，香味四溢、入口即化，他都舍不得直接咽下去。

连侯小急这个吃饭都是急脾气的家伙，都仔细地品尝味道，连连称赞："好吃！太好吃了！"

吃完这些茶点，大家还吃了瘦肉粥……

吃完了，大家再细细回味，觉着香港好玩的好吃的真多，不停地称赞呢。

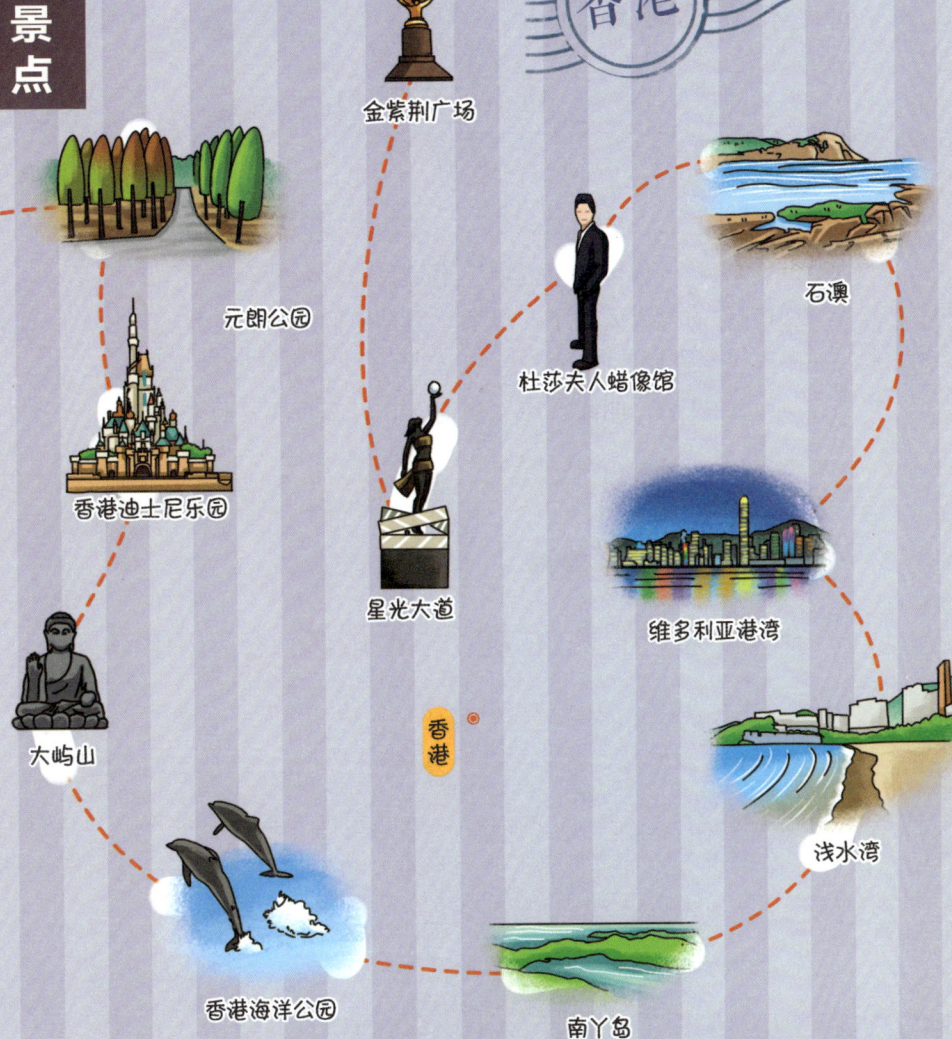

澳 门

研之有旅

诗词伴我行

七子之歌·澳门

现代·闻一多

你可知"妈港"不是我的真名姓？
我离开你的襁褓太久了，母亲！但是他们掳去的是我的肉体，
　你依然保管我内心的灵魂。那三百年来梦寐不忘的生母啊！
请叫儿的乳名，叫我一声"澳门"！母亲！我要回来，母亲！

地域风情

弹丸宝地、富裕发达

　　导语：澳门特别行政区，简称"澳"，由澳门半岛和氹仔、路环二岛以及路氹城组成，陆地面积33.3平方千米。澳门是国际自由港、世界旅游休闲中心，也是世界人口密度最高的地区之一，其轻工业、旅游业、酒店业和娱乐场使澳门长盛不衰，成为全球发达、富裕的地区之一。

旅游故事

侯小急今天又拿着地理书来考大家了,他问:"你们知道中国最小的省级行政区是哪里吗?"

"当然是澳门啦!"笑嘻嘻回答道。

"哎哟!难不住你啊!我再问你一个。"侯小急眼珠子一转说,"中国最古老的教堂你知道在哪儿吗?"

"在澳门。"笑嘻嘻从容地回答。

侯小急难以置信,说道:"竟然让你答对了,我再问你一个。"

笑嘻嘻说:"地理知识,你是难不倒我的,你还是换一个人问吧!以免把你搞得没自信。"

侯小急这回问金豆豆:"中国第一座西式剧院你知道在哪儿吗?"

金豆豆正在吃薯片呢,嘴里"嘎巴嘎巴"地嚼着,支支吾吾地摇头说:"这我哪儿知道,你要问我中国最好吃的薯片还行。"

笑嘻嘻过来打圆场说:"自然在澳门啦!"

侯小急快崩溃了,叫道:"这么冷门的题目,笑嘻嘻,你是怎么知道答案的?"

笑嘻嘻说:"很简单,你今天的问题都跟澳门有关,答案自然是澳门啊!"

侯小急一拍脑袋:"我失策了。"

笑嘻嘻笑着说:"怎么,你对澳门这么感兴趣?"

侯小急说:"没去过嘛!就好奇呀!"

笑嘻嘻说:"那我们去一趟澳门吧!去实地考察一番。"

"太好啦!"侯小急跳起来。

金豆豆也赶紧站起来说:"去澳门吃好吃的喽!"

就这样,开心旅游团开启了澳门之旅。

来到澳门的第一站,他们就去了妈阁庙。妈阁庙是澳门最著名的名胜古迹之一,初建于明弘治元年(1488年),距今已有五百多年的历史了。

妈阁庙原称妈祖阁,俗称天后庙。主要建筑有大殿、弘仁殿、观音阁。庙内主要供奉道教女仙妈祖,又称天后娘娘。据说因为她能预言吉凶,常常帮助商人和渔民消灾解难,所以当地人在这里立庙祀奉。

一听说妈祖娘娘能帮人,金豆豆立刻双手合十拜了拜,嘴里悄悄地说:"娘娘保佑我,以后偷吃零食都不被老妈发现。"

侯小急一听金豆豆请妈祖娘娘帮忙,也连忙拜了拜,嘴里也悄悄说:"娘娘也保佑我,以后抄作业不被老师发现,以后在家玩手机游戏,老爸都看不见。"

笑嘻嘻拍了拍两个人的肩膀说:"醒醒吧!你俩这些小事儿就别麻烦妈祖娘娘了。再说,你俩这种不好的习惯,求了也是白求。"

接下来,大家去了著名的"圣保罗"牌坊,也叫"大三巴"牌坊。

为什么叫这个名称呢?原来葡萄牙语中的"圣保罗"的发音接近于当地方言

中的"大三巴",所以也叫"大三巴"牌坊。

教堂前壁用麻石砌成,上下5层,左右自第3层起可分为9格。前壁右侧有一石旗杆夹,下有68级石阶,与教堂位置不同。

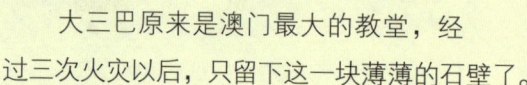

大三巴原来是澳门最大的教堂,经过三次火灾以后,只留下这一块薄薄的石壁了。

笑嘻嘻说:"澳门原来是被葡萄牙侵占的,1999年才回到祖国的怀抱。大三巴教堂遗址见证了这一段历史。"

澳门至今还留着许多这样的欧式建筑,一同见证了这段历史,教堂是其中的代表。

比较有代表性的是圣安多尼教堂。大家一进到教堂内,严肃和神秘的氛围就扑面而来。

在这里,早上会有很多人来念《圣经》和做祈祷。侯小急和金豆豆觉得教堂里面太过于安静,就拉着笑嘻嘻和田心赶紧出来。

出了教堂,大家来到澳门最高的旅游塔,在最高的360度旋转餐厅,一边享用晚餐,一边欣赏着澳门的夜景。

金豆豆爱吃,点了好多海鲜。他拿着菜单就快把里边的特色菜都点了一遍。

笑嘻嘻提醒:"点这么多,你吃得完吗?"

金豆豆说:"我喜欢澳门,我要吃遍这里的味道。"

好吧!后来他成功把自己吃撑了,走的时候端着肚子出的门。

旅游塔上有一大块玻璃地板,站在玻璃地板上往脚底下望,下边的城区变小了,真是"一览众山小"啊。向远处望去,一栋栋高楼大厦都亮起了灯,此时的澳门就像灯的海洋,光的世界,像一颗璀璨夺目的明珠。

吃饱喝足,伙伴们就准备去看大型的真人秀——《水舞间》。据说这是世界上最大型的水上表演。当大家来到了剧院,剧场内的游泳池让人赞叹,绚烂华丽的水上会演更加令人震撼。

观赏之后,大家忍不住称赞。

侯小急说:"澳门虽小,内容丰富。"

金豆豆说:"澳门不大,龙虾很大。"

田心说:"澳门很美,夜景酷炫。"

笑嘻嘻说:"毫无疑问,下次还来!"

台 湾

研之有旅 ●●●

诗词伴我行

乡愁
现代·余光中

小时候，乡愁是一枚小小的邮票。我在这头，母亲在那头。
长大后，乡愁是一张窄窄的船票。我在这头，新娘在那头。
后来啊，乡愁是一方矮矮的坟墓。我在外头，母亲在里头。
而现在，乡愁是一湾浅浅的海峡。我在这头，大陆在那头。

地域风情 ●●●

最大岛屿、宝岛台湾

导语：中国台湾地区，简称"台"，行政中心是台北市。台湾地区由中国第一大岛台湾岛与兰屿、绿岛、钓鱼岛等附属岛屿和澎湖列岛组成。这里纵跨温带与热带，陆地总面积3.6万平方千米。台湾地区是中国不可分割的固有领土。

旅游故事

暑假开心旅游团去了趟祖国的宝岛——台湾。在那里，伙伴们深深地被秀丽迷人的风光吸引，久久不愿离开。

首先，大家来到著名的太鲁阁公园。

笑嘻嘻告诉大家，在650万年前，由于地壳动荡不定，板块不断挤压，挤出了一座宝岛台湾。

好多年以后，大地如蛋糕，水作刀，切出了美丽的太鲁阁公园，也切出了世界上最大的大理石峡谷。

人们一进入公园，映入眼帘的便是两侧高耸的山峦，山和地面几乎垂直，夹住了中间的峡谷，也造出了奇绝的景色。

经过几个隧道，便到了"燕子口"。

突然，一阵阵动听而又响亮的鸟鸣传来，接着飞来一群燕子。难怪这儿的名字叫"燕子口"，果真是百燕鸣谷，名不虚传！

"小燕子，穿花衣，年年春天来这里。"侯小急唱道。

"人家本身就生活在这里的！"田心指点侯小急。

金豆豆说："小燕子仿佛在唱侯小急，穿花衣，年年春天都来玩儿呐。"

"哎呀！侯小急你没穿花衣呀！"田心打趣儿。

"我穿什么花衣。"侯小急哼了一声。

过了燕子口，大家还看到了著名的锥麓大断崖和九曲洞。

面对此情此景，田心和笑嘻嘻、金豆豆都在忙着拍照，只有侯小急若有所思，他要赋诗一首：

"祖国风光真美丽，

太鲁阁景色最帅气。
问我爱这里有多深,
就像老鼠爱大米。"

"那你还是少来这里。"金豆豆不无担心地说,"你要把这里当大米吃了可不好!"

出了太鲁阁公园,直奔野柳地质公园。

走过一条狭长的石子路,一望无际的大海映入眼帘,在它的臂弯里,长着许多各式各样的岩石。

因受海浪侵蚀与岩石风化,所以这里变成了奇石的乐园。它们千姿百态,有的像林中的蘑菇,有的形同一块块珊瑚,有的像奔跑的动物,有的像望海的人。

侯小急指着一块石头说:"这个像金豆豆。"

"为啥?"

"因为它跟金豆豆一样圆。"

"那肯定是天天吃海鲜吃的。"

说到吃,一定要去台北吃美食。金豆豆忙不迭地品尝着蚵仔煎、卤肉饭、阿宗面线、盐酥鸡……吃得肚子圆圆的,快跟海边那块圆石头一模一样了。

吃饱喝足,大家去台北登上了台北101大楼。

这座大楼是曾经的世界第一高楼,足有508米,抬头仰望,简直望不到顶。

踏上电梯,大家不禁又对电梯的速度为之震撼,从5楼直达89楼的室内观景台只用了37秒。

侯小急惊呼:"乖乖,这是飞入云霄的速度啊!"

"比你快吧!"

"比我还差一点。"

"是的,我忘了你会筋斗云。"

"你才是孙猴子呢!"

走出电梯,大家惊奇地发现已经步入云端,向下俯视,整个美丽的台北尽收眼底。

侯小急又忍不住作诗:

"台北大楼101,
如同金箍棒插云霄。
侯小急楼顶站一站,
大楼瞬间增了高。"

"你的个头就一米多,还好意思说给大楼增高?"田心笑话侯小急。

"那怎么不能?我人小力量大,祖国需要我来添砖加瓦。"

出了台北101大楼,笑嘻嘻说:"待会咱们去日月潭,到时候边坐船边欣赏日月潭的美景。"侯小急听到这,别提有多高兴了。

到了目的地,他飞一般地下了车,站在船头,远看像镜子一样的日月潭。

不一会儿，远处隐约出现了一个小岛，船离小岛越来越近。笑嘻嘻介绍："潭中有个小岛，名叫拉鲁岛。以此岛为界，潭面北半部形如日轮，南半部形似月钩！再加上清澈见底的潭水……"

侯小急脑子一转："原来日月潭是这么来的呀！"

看着侯小急这样，大家问："你是不是又要作诗呀？"

还没说完，侯小急已经开始了：

"日月潭水深又深，

我对台湾情谊真。

祖国大地春光好，

小树连着大树根。"

短短几日台湾之行让人难忘，不仅仅是迷人的景色，夜市的美食，还有在祖国宝岛生活着的无数热情的台湾同胞。这么好的地方，开心旅游团下次还会来。